Wie man
eyn teutsches Mannsbild
bey Kräfften
hält.

Ich bin ein Koch / für ehrbar Gest
kan ich wol kochen auff das best /
Reiß / Pfeffer / ander gut Gemüß /
Vögel / Fisch / Sülzen / reß und süß /
Für Bauern und Handwercksmann /
Hierß / Gersten / Linsen / Arbeiß und Bon /
Rotseck / Würst / Suppen / Rüben und Kraut /
Damit sie auch füllen ir Haut.

Wie man eyn teutsches Mannsbild bey Kräfften hält.

Prisma Verlag

Redaktion Edition Fahrenkamp GmbH

Herstellung: Martin Strohkendl, München
Satz: VerlagsSatz Kort GmbH, München
Druck: Mohndruck GmbH, Gütersloh
© 1986 by Interest-Verlag GmbH, Kissing
Alleinige Vertriebsrechte:
Prisma Verlag GmbH, Gütersloh
Printed in Germany
ISBN 3-570-09730-7

Diz buoch sagt von guoter spise Das machet die unverichtigen köche wise

»Dieses Buch sagt von guter Speise, das macht die unverständigen Köche weise«

Mit diesem Satz beginnt die älteste Sammlung deutschsprachiger Kochrezepte, die »Würzburger Pergamenthandschrift« aus dem 14. Jahrhundert. Und auch ich möchte diese Worte an den Beginn meines Kochbuches stellen, das die längst vergessenen Gaumenfreuden aus der Zeit der alten Rittersleut für Sie wiederentdeckt. Denn die »Würzburger Pergamenthandschrift« stellt den Anfang der Kochbuch-Geschichte dar, aus der wir mehr über die Eß- und Trinkkultur unserer Ahnen erfahren können — und sie war der Anstoß für mich, der mich veranlaßte, dieses Buch zu schreiben. Denn als ich die Handschrift vor einigen Jahren durch Zufall in der Münchener Universitätsbibliothek entdeckte, war ich so fasziniert, daß mich der Gedanke, die

5

Holzschnitt aus »Die Küchenmaiste-
rey«, einem der ältesten Kochbücher, das schon im 15. Jahrhundert
gedruckt wurde.

kulinarischen Geheimnisse des
Mittelalters wiederzuentdecken, nicht
mehr los ließ. Und schon beim Studium
der Kochanleitungen lief mir das Wasser
im Mund zusammen.
Was müssen das für herrliche Zeiten
gewesen sein! Und welche Schlemmer
waren unsere Vorfahren! So begann ein
großes Abenteuer: Das Abenteuer der
Entdeckung längst vergessener
Kochkünste und Gaumenfreuden,
verbunden mit dem Reiz der
Ungewißheit, denn vorher wußte ich ja
nie, wie die Gerichte nun schmecken würden. Und — zugegeben — einige Male
habe ich Lehrgeld gezahlt, mir den Magen
verstimmt. Denn unmodifiziert sind viele
Rezepte für uns heute nicht mehr
zuträglich. Wenn Sie, liebe Leserin, lieber
Leser, die wiederentdeckten
Küchengeheimnisse vergangener Zeiten,
die wir ja nur noch aus Märchen und
Sagen kennen, zuhause im Familien- oder
Freundeskreis servieren, dann können Sie
sicher sein, daß es allen ganz vorzüglich
schmecken wird.
Und ich wünsche Ihnen, daß Sie vom
gleichen Entdeckerfieber befallen werden
wie meine Freunde, die mir oft als
willkommene »Opfer« dienten, wenn
wieder eine Spezialität der
mittelalterlichen Küche auf den Tisch
gebracht wurde.

Ihr
H. Jürgen Fahrenkamp

diz buch sagt von guter spise
daz machet die vnwizigen köche wise

Ich wil vnderwisen.
von den kochespisen.
der ein niht versten kan
der sol diz buch sehen an
Wie er grôz gerihte machen. kvnne
von vil kleinen sachen.
dise lere merke er vil eben.
die in diz buch wil geben.
Wanne ez kan wol berihten.
von mangerleie gerihten.
von grôzzen. vñ von kleinen.
Wie sie sich vemen.
vñ wie sie sich besachen. mache
daz sie klein gerihte zu hoh spise
der sol diz buch vnemen.
Vñ sol sich niht schemen.
Ob er fraget des er niht enkan.
des bescheit in schier ein wiser man.
wer denne kochen wolle lerne.
der sol diz buch merken gerne.

Vô einer schuzzeln ze mache.
man sol nemen ein phunt
mandels. vñ sol nur wine die mi
lich vz stôzzen. vñ kvrfen ein ph
nut. vñ slahe die durch ein sip.
Vñ tu die kvrsen in die milich.
vñ nim eine vierdung rises dê
sol man stôzzen zu mele. vñ tu
daz in die milich. vñ nim denne
ein rein smaltz. oder spec. vnde

smelze daz in einer phannen. vñ
tu dar zu ein halbe mark wizzes
zuckers. vñ vsaltz niht. vñ gibz
hin von einer huz lebern

Ein huzes lebern sol man bra
ten vf einem rôste. die man lange
behalten wil. Vñ sol die dünne
sniden zu schiben. vñ nim eine
reinen honicsaum den sude. Vñ
nim denne yngeber. vñ galgā
vñ negelin. die stôzze vnder ein
ander. vñ wurfe sie dar in vñ
nim denne ein faz oder ein schaf
dor in du ez wilt tûn. vñ wasche z
gar rein. vñ gûz ez dor in ein schüzl
honiges. vñ lege denne ein schiht
lebern. vñ also fürbaz. vñ legez
vaste vf ein ander vñ setze daz
hin wilt du machen eine blamensir

Wie man sol machen eine bla
menser. oʒan sol nemen zigenin
milich. vñ mache mandels ein
halb phunt. einen vierdunc ry
ses sol man stôzzen zu mele. vñ
tu daz in die milich kalt. vñ nim
eines hünes brust die sol man
zeisen. vñ sol die hacken dor in.
vñ ein rein smaltz sol man dor in
tûn. vñ sol ez dor inne sieden. vñ
gibs im genüc. vñ mine ez deine
wider. vñ nim gestôzzen violn. vñ
wurfe den dor in. vñ einē vierdûc zucker

»Das Buch von guter Speise«
ist das älteste, deutschsprachige Dokument
der Kochkunst unserer Ahnen.

Aus dem Inhalt

Von der Eehrliche zimlichen/ auch erlaubten Wolust des leibs/ sich inn essen/trincken/kurtzweil und allerlay etc.

Die mittelalterliche Küchengeschichte mit Geschichten aus der Küche.

Der abgekürzte Titel des berühmten Kochbuches des Platina aus dem Jahre 1542 soll die Überschrift des Kapitels der Küchengeschichte des Mittelalters bilden. Kaum eine andere Überlieferung erzählt uns soviel über den Charakter einer Zeit wie ein Kochbuch. Alte Kochbücher sind zeitgeschichtliche Bilderbücher. Und je liebevoller wir uns mit ihnen befassen, desto ergiebiger wird ihre Aussage.

Die mittelalterliche Küchengeschichte mit Geschichten aus der Küche.

So erzählen uns die alten Handschriften und Folianten nicht nur viel über die Koch- und Eßkultur ihrer Zeit, sie sind auch ein Bild der Sitten und Gebräuche. Wir erfahren aus ihnen, wie man bei Hofe, in den Klöstern, in der Stadt und auf dem Lande lebte. Denn diese Kochbücher sind keine üblichen Rezeptsammlungen im heutigen Sinn sondern Merkblattsammlungen für Eingeweihte, die auch sagen, was an welchen Tagen gegessen werden darf. Der Koch wollte damit keine Anleitungen für breite Kreise geben, sondern er hatte seine Erfahrungen für den eigenen Gebrauch in seiner Küche notiert. Dabei aber auch ist der Humor nicht zu kurz gekommen, wie das folgende Beispiel aus der schon erwähnten Würzburger Pergamenthandschrift zeigt:

Wilt du machen ein guot bigerith;	Willst du ein gutes Gericht machen,
so nim sydeln sweyz;	so nimm Sklavenschweiß,
daz machet den magen gar heiz;	der macht den Magen gar heiß,
und nim kiselinges smaltz;	und nimm Kieselsteinschmalz,
daz ist den meiden guot,	das ist gut für alle,
die do sin hüffelhaltz	die hüftenlahm sind.
und nim bromber	Und nimm Brombeeren
und brestling;	und Gartenerdbeeren,
daz ist das aller beste ding.	das ist das allerbeste Ding.
bist du niht an sinnen taup;	Bist Du nicht sinnestaub,
So nimm grün wingert laup.	so nimm grüne Weinblätter.
du solt nemen binzen;	Du sollst Binsen nehmen,
lübstickel und minzen.	Liebstöckl und Minze,
daz sind guote würtze,	das ist eine gute Würze
für die grozzen fürtze.	für die großen Fürze.
nim stigelitzes versen	Nimm Stieglitzfersen
und mucken füzze;	und Mückenfüße,
das machet daz köstelin	die geben dem Gericht
allez süzze;	alle Süße.
daz ist guot und mag wol sin	Das ist gut und mag wohl sein
ein guot lecker spigerihteling.	ein gutes, leckeres Gericht.
Ach, und versaltz nür nith;	Ach, und versalz es nicht,
wanne ez ist ein guot geriht.	wenn es ein gutes Gericht ist.

N im lampriden und snit sie an
sehs stücke · daz mittelst stücke
daz mache minner danne die an
dern stücke · besprenge ez mit salt
ze und legez uf einen hültzine rost ·
brat sie gar · nim daz mittelste
stücke · als ez gar si geröst stoz ez
in eime mörser · un tu dar zu eine
swartzen rinden brotes die weiche
in ezzige und tu dar zu gestozzen
galgan und pfeffer und ingeber
und kümel und muschat blümen
und negelin · wilt duz aber lange
behalden so mach ez scharf mit
ezzige un ein wenic honiges un
sudez und legez kalt dor in · noch
dirre wise maht du machen · ge
bratene nunaugen oder waz du wilt ·

Ein Original-Rezept für Lammbraten
aus der Würzburger Handschrift,
die das älteste Kochbuch deutscher
Sprache ist.

Aber nicht nur derart exotische Vorschläge finden wir in den Kochbüchern jener Tage. Es sind auch ganz klare, nahezu wissenschaftliche Anleitungen, die zum Beispiel zu Zeiten Karl des Großen für die Anlage und den Betrieb von Mustergütern niedergelegt wurden. Daraus geht hervor, daß man Gurken, Kohl, Karotten, Bohnen aber auch Rosmarin, Malve oder Kerbel anbaute, daß man die ersten Veredelungsversuche bei Äpfeln, Birnen, Pfirsichen und so weiter betrieb.

Und auch der Gesundheit widmete man sich, wie aus Vermerken hervorgeht. So heißt es zum Beispiel: »Man spricht und das ist wahr / daß die Kocherei die beste Arznei sei. Wo die Küche gut ist / bedarf es kaum der Doktoren oder Apotheker.« Diese Weisheit gilt auch heute noch, wenn auch unter anderen Gesichtspunkten. Und wir können uns auch dem Satz aus die »Teutsche Speisekammer« anschließen, der sagt: »Allerlei Krankheiten entstehen von unzeitigem Essen und Trinken, davon bekommen die Ärzte den meisten Nutzen.« Doch genug der Medizinerei. Wenden wir uns lieber wieder den Genüssen zu. Karl der Große liebte es übrigens, in besonders prunkvoller Umgebung reichhaltig zu speisen. Einmal jedoch kehrte er dem Bericht seines Hofschreibers nach unangemeldet ein und fand den Tisch nur mit Brot und Käse gedeckt. Ihm mundete der Käse ausgezeichnet, aber er entfernte sorgfältig die kleinen blauen Schimmelinseln aus dem Käse, bis man ihn darauf aufmerksam machte, daß er das Beste verschmähe. Er probierte und seine Liebe zum Roquefort war entzündet. Wie uns die Kochbücher sichtbar machen, war die Hofhaltung des Adels generell

12

Der dritt Gang.

Sechtzig Capaunen / Feldhüner / Haselhüner / Schnepffen / Birckhanen / vnd Auerhanen / auch allerley Vögel klein vnd groß / vnnd man heißt klein Gebratens / vnd auch darzu junge Hüner vnd Fasanen.   4

Der vierdt Gang.

Schweine Wildtpret gekocht im Pfeffer auff Vngerisch / Ein saur Kraut gekocht mit einem geräucherten Speck / vnd dürren Würsten / vnd auch mit geräucherten Capaunen vnd Hüner.   5

Der fünfft Gang.

Zwen Rindern Braten / Ein gebratene Spänsaw / Ein Kälbern Braten / Ein gantz jung Lam gebraten / Ein Hammelskäul gebraten / Ein gebratene Ganß / Ein gebratenen Auerhanen / vnd auch ein junges Kitzlin gebraten / Das heisset man ein groß Gebratens.   6

Der sechst Gang.

Ein Reiß gekocht in einer Milch.   7
Kitzfleisch gekocht grün auff Vngerisch.   8
Ein grosse Vngerische Turten.   9
Ein Wildtpret Pasteten.   10
Ein weisse Gallrat von einer Spänsaw / mit Knobloch gemacht.   11

Den letzten Gang zum Obß / nach dem sich die gelegenheit zutregt / es sey im Winter oder im Sommer / sol man mit allerley Confect / mit Marcepan / mit Gebackens / mit Quitten Safft / vnd mit allerley eyngemachtem Obß / zurichten. So haltens die König in Vngern vnd Böhem / etc.

Ende deß ersten Banckets / der Könige in Vngern vñ Böhem / zum Frümahl / am Fleischtag.

verschieden von dem Haushalt in der
Stadt oder auf dem Land. Denn dem Adel
gehörte das Jagdrecht und das Fischrecht,
die Bauern lieferten ihnen das Gemüse
und Obst und alles, was sonst noch in der
Hofküche benötigt wurde — daß es nicht
wenig war, zeigt das Beispiel auf Seite 13.
Alle verfügbaren Fisch-, Geflügel- und
Wildarten kamen auf den Tisch.
Schlachtvieh wie das Schwein, das Rind,
Kalb oder Lamm war mit Ausnahme des
Spanferkels nicht so beliebt. So finden wir
in den Küchenzetteln der Ritterzeit

Forellen, Hechte, Brachsen, Äschen,
Gans, Ente aber auch Krammetsvogel,
Wachtel, Fasan und Rebhuhn ebenso wie
Hirsch, Reh, Gemse und Wildschwein.
Doch auch Tiere, die uns heute »spanisch«
vorkommen wie Biber, Murmeltier, Bär,
Pfau, Kranich und so weiter.
Dazu kommt eine besondere Vorliebe der
Köche für Gewürze, die reichlich
verwendet wurden: Pfeffer, Ingwer,
Kardamom, Kümmel, Zimt, Nelken,
Muskat und Safran. Salz, das seinerzeit
teuer war, wurde ebenso als Gewürz
verwendet. Für den Gewürzhandel, die
berühmten »Pfeffersäcke«, kamen die
goldenen Zeiten mit der Eroberung
Jerusalems, denn damit war der Weg für
den Transport ungefährlich geworden.
Aber auch der Hausgarten lieferte viele
beliebte Kräuter wie Lavendel, Estragon,
Quendel, Basilikum, Dill, Petersilie sowie
Schalotten und auch Knoblauch.
Die Zubereitung der Gerichte ist für uns
heute oft sehr seltsam und ungewöhnlich,
so daß wir uns fragen, ob ein Mensch
überhaupt in der Lage war, diese
»Küchenerzeugnisse« zu verspeisen.
Dazu findet man oft die Vorliebe,
Gerichte zu verfälschen. Dies besonders in

den Rezepten, die aus Klosterküchen
stammen. So servierte man Kalbswürste,
die mit Fischfarce gefüllt waren, oder man
bereitete einen Hirschbraten aus Hecht-
und Karpfenfleisch. Mit diesen Tricks
betrog man das Auge und den Magen an
strengen Fasttagen. Aber auch die Köche
an den Höfen des Adels liebten es, die
Gäste bei Festessen mit Schaugerichten zu
irritieren. So wurde Hasenbraten in
Löwenbraten verwandelt oder Pasteten
entflogen lebende Vögel. Und ebenso wie
in den Klosterküchen wurde an Fasttagen
Prunkvolles serviert, das dem Verbotenen
glich aber aus Erlaubtem bestand.
Diese kulinarischen Schaustücke sind um
so großartiger, wenn man sieht, wie
primitiv eigentlich die Ausstattung der
Küchen war. Einen Einblick geben uns die
Abbildungen von Küchen und
Gerätschaften, die wir im Buch »Opera«
von Bartolomeo Scappi, dem Hofkoch
von Papst Pius V., finden. Dominierend
ist die offene Feuerstelle für den Bratspieß
und den Kochkessel. Und diese beiden
Zubereitungsmöglichkeiten bestimmten
auch die Kochkunst. So war der
Mittelpunkt der Feinschmeckerei der
Spießbraten, der die einzige Möglichkeit

Im elften Capitel seines Buches beschreibt Paltina auch, welche Eigenschaften Koch und Köchin haben
sollen.

Das erst Buch.
Das aylfft Capitel/   Von dem Kochen.

Man soll auch Koch vnd Köchin bestellen/die es lang getriben habenn/ vnd wol künden/die wol das feür/hitz vñ arbait erleiden mügen / die da geren hören ir lob der Ruchenmaisterey/Sie sollen nicht vnstetig /Cocus imundus sein/Sie solle wol erkeñen allerlai fleisch/fisch vñ kreüter natur/krafft vnd wirckligkait/Was güt zů braten/was güt zů sieden/wz güt zů bachen sey/Sollens am geschmack haben/was gesaltzen/zůuil oder zů wenig sey/ Ein Koch soll inn allem gleich sein disem den der Fürst Nouocomensium zů vnser zeit hett/dauon ich die güten bißlen zůberaiten gelernet hab/Er soll an ihm selbs nicht ein schlecker sein oder fresser wie Marisius Gallus/das er in der kuchen fressen wöl/das dem Herrn auff den tisch gehört.

war, knusprige Braten herzustellen.
Demgemäß haben sich auch viele findige
Geister damit befaßt, diese Gerätschaft zu
verbessern. Selbst ein Genius wie
Leonardo da Vinci war sich nicht zu
schade, sich mit der Konstruktion eines
Bratspießes zu befassen.

Im Gegensatz zum Adel lebten Bürger und
Bauern sehr genügsam, und sie mußten
sich daher den Spottnamen »Kraut- und
Rübenfresser« gefallen lassen. Denn der
Jahresablauf bestimmte den Küchenzettel.
Es gab Hirse- oder Haferbrei, auch mal
Gemüse. Dazu Eier und selten Fleisch.
Löwenzahn, Rapunzel und Sauerampfer
— Wildgemüse, das nichts kostete.

An Fest- und Feiertagen aber stand auch
der einfache Mann hinter dem Adel nicht
zurück. Dann wurde geschlachtet und
gebraten, so verführerisch und lecker, daß
der Minnesänger Johannes Hadlaub vom
fetten, gewürzten Schweinebraten
schwärmt. Oder auch von der fetten
Brühe, die über Grieben und Brotbrocken
gegossen wurde.

Mechanischer Bratenwender mit 3
übereinanderliegenden Bratspießen
— eine Konstruktion, die der Genius
Leonardo erdacht hat.

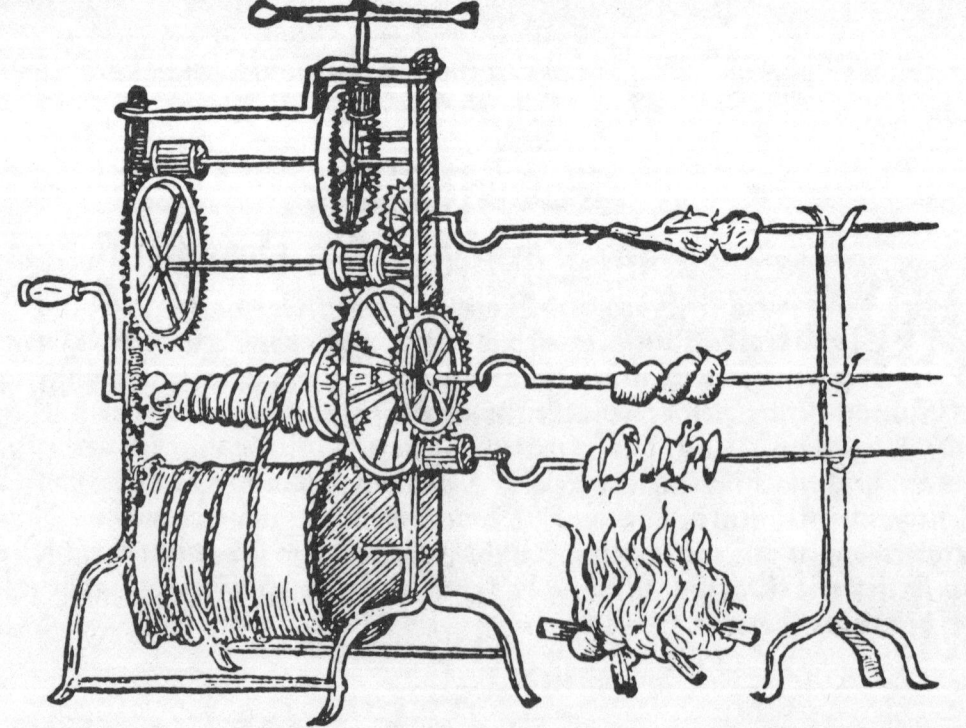

Kraut und Kohl waren — angemacht mit
Speck und Schmalz — die Alltagsgerichte.
Dazu kamen Rüben, über die die feinen
Leute die Nase rümpften, die die
bäuerliche Tafel aber fast täglich sah.
»Schoenez brot« — Weizenbrot — war
eine teure Delikatesse, denn in der Regel
buken Bauersfrau und Bäcker ihr Brot aus
Roggen, Hafer und auch Gerste.
Der Fleischlieferant war auch damals
schon das Schwein. Reichhaltig war
auch die Palette der Würste: Blutwurst,
Leberwurst, Bratwurst, Fleischwurst
und auch Hirnwurst gab es. Von einem
Wildbraten hingegen konnten Bürger
und Bauern nur träumen.

Nimb die Finger unnd iss

Das Tafelgeschirr oder besser sein
Nichtvorhandensein bestimmte die
Eßsitten jener Zeit. Das Messer hatte man.
Jedoch keinen Löffel, keine Gabel und
keine Teller. Diese fanden erst später
Eingang in die Tischsitten. So wurde das
Essen auf Brotscheiben angerichtet
und serviert.
Keine Löffel und Gabeln — werden Sie
fragen? Die gibt es doch schon seit
Urzeiten. Ja und Nein. Sicher sind Löffel
und Teller (oder besser Schale) fast so alt
wie die Menschheit. Schon aus der
Bronzezeit kennen wir Löffel und Teller,
die Ägypter, die Römer benutzten sie.
Warum denn unsere Vorfahren im
Mittelalter nicht?
Die Antwort ist einfach: Löffel und Schale
galten als liturgisches Gerät. Und erst im
17. Jahrhundert kommen sie als Tafelgerät
in Gebrauch. Die Gabel fand etwa 100
Jahre zuvor ihren Platz auf den Tischen
und Tafeln.

Wenn nun fast nur mit den Händen gegessen wurde, wie wurden dann die Speisen aufgetragen und angerichtet? Fleisch, Geflügel, Wild und Fisch wurde zumeist als Braten serviert, der dann kunstvoll vom Truchsessen, dem Vorschneider, tranchiert wurde. Wie hoch die Künste des Tranchierers in der Gunst standen, zeigt, daß viele dieser Künstler von Adelsstand waren. Und es war nicht nur ein kunstvolles Handwerk sondern zugleich ein ehrenvolles Amt, das fürstlich bezahlt wurde. Ein Zeitgenosse berichtet: »wie rechtschaffene Tafelschneider nicht nur respectiret, sondern auch jährlich stattlich bestellet syn. Inmassen denn zu meiner Zeit als ich zu Rom war ein Cardinal seinen Trincirer mehr als 1000 Dukaten verehrte.« Andere Gerichte waren Ragouts und Breie, die in Schüsseln oder Pasteten serviert wurden. Sie wurden reihum gereicht und jeder Tafelgast fischte sich handliche Brocken heraus, die auf Brot gelegt wurden oder man tauchte Brot ein und aß so. Wenn Sie nun annehmen, daß die Küche des Mittelalters wegen der noch barbarisch anmutenden Tischsitten ebenso barbarisch gewesen ist, dann irren Sie. Die Vielfalt der Rezepte, daß werden Sie auf den folgenden Seiten entdecken, war so groß, daß sie unserem heutigen Küchen-Rezeptschatz alle Ehre machen würde.
Also waschen wir uns die Hände, lassen uns ein rupfernes Linnen von einer Frawe oder Magde umbinden und nehmen guot siz an tafel unter dem Motto:

Inkunabeldruck aus dem 15. Jahrhundert.

Las guot und vil essen
vorlegen undd is

Von der eerlichẽ

zimlichen / auch erlaubten Woluſt des

leibs / Sich inn eſſen / trincken / kürtzweil ꝛc. allerlay vnnd man-
cherlay Creaturen vnnd gaabenn Gottes / Viſch / Vögel / Wildpꝛet / Frucht
der erden ꝛc. mit Gott / allen eerẽ / auch geſundthait des menſchens / mit danckſagung zů
gebrauchen mügen / von allen Weiſen / Erbaren vnd gelerten / beſonders den Artz-
ten gerathen / zůgelaſſen vnd geſtattet / ſein oꝛdenlich hie in ij. bůcher geſetzt / gekocht / vnd auff den tiſch ſein luſtig berait vnd auffgetragen wirt / Durch
den hochgelerten Philoſophum vnd Oratorem / das iſt weyſeſten
vnd beredteſten Herꝛn / Bap. Platinam von Cremona / vnder
Friderico iij. dem Römiſchẽ Kaiſer gelebt / im Jar 1481.
jetz jüngſt grüntlich auß dem latein verteütſcht / durch
M. Stephanum Vigilium Pacimontanum.

Monky M. Im jar / M. D. XXXXII. s. Andechs.

Surge Petre, macta et ueſcere.

Vnd zwar Gott hat ſich ſelbs nicht vnbezeüget gelaſſen / hat vns vil gůts ge-
thon / vnd vom himel regen vnnd fruchtbare zeitung geben / vn-
ſere hertzen erfüllet mit ſpeiß vnd freüden ꝛc. Acto.xiij.

Ein guot kräfftiges süpplin zemachen

Mittelalterliche Genüsse aus dem dampfenden Suppentopf

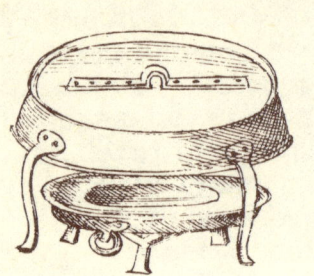

Unsere gute, alte Suppe suchen wir in den Kochbüchern des Mittelalters wie schon gesagt fast vergeblich, obwohl wir zuerst noch unvoreingenommen annehmen, daß diese Speiseform einen breiten Raum einnehmen müßte.

Vergegenwärtigen wir uns jedoch wieder die Möglichkeiten, die das damalige Tafelgeschirr geboten hat, so kommen wir von allein darauf, daß die Suppe etwas Besonderes war, denn weder Teller noch Löffel waren gebräuchlich. Und so wurde die Suppe dann auch, als Höhepunkt des Menüs, am Schluß gereicht, denn sie sollte die Verdauung anregen, und wir finden eine Reihe von Rezepten, die auch heute noch als sehr wirkungsvolle Abführmittel gelten dürften. Ich habe das bei der Entdeckungsreise durch die Küche des Mittelalters mehr als einmal am eigenen Leib erlebt.

Die Suppe, die erst nach dem Einzug des Löffels, im späten 16. Jahrhundert, ihren Weg in die Speisefolge fand und die in späteren Jahren zum bäuerlichen Hauptgericht avancierte, wurde im Mittelalter als dicker Brei zum Tunken und Mit-den-Händen-Essen oder als dünnflüssige Brühe zum Tunken und Trinken gereicht. Dabei teilten sich meist zwei Personen eine Schüssel, genauso wie sie sich den Trinkbecher teilten.

Das XLIII. Capittel/ Ain gůt kräffti-
ges süpplin zemachen.

Ein gůt kräfftig süpplin mag man von eynem Capaun / Phaßhanenn/ Rebhon/ Kützlin /oder junge Tauben machen. Wilt du eines von Capaunen machen/nim ein hafen/der bey vier maß fasse/ thů den Capaunẽ drein/zerprich jm zůuor seine baine mit ainer vncien magers schweinbachens/dreissig pfeffer kern/wenig zimentrind/nicht zů klain gestossen/drey oder vier negelin ein bletlin oder fünff saluten zerbrochen/zwey loiberbleter/lasse es bey einer stund sieden/thů kain saltz drein/thů ein wenig gewürtze daran /so mans krancken will/ alten leütten vnd krancken seind sie gesunde.

Das XLIIII. Capitel/Wie ein gůts gelbs
süpplin zemachen.

Nim bey dreyssig air rotter/Agreft/brů von einem kalb fleisch oder Capaunen / ein wenig saffran/ein wenig zimendtrindt/thů vnd misch es alles inn ein schüssel zůsamen/ seyhe es durch wol inn ainen hafen / sihe das er weit von dem fewr (das der flamme nicht darein schlahe) fein siede / rür es vmb biß dück wirdt/nimbs darnach/richts für zehenn an/so hastu ein gůte/ vnnd suppen genůg. So du sie angericht hast/magstu gůt gewürtz daran thůn.

Das XLV. Capitel/ Ain gůt weysse sup-
pen zůmachen.

Stoß ein pfund auß gezognem Mandel/thůe wasser drein/das nicht zů ble werde/thů darzů das weiß von zwaintzig ayr/die brosen vonn weyssem brot/ein wenig agrest/weyssen Jmber/brů als vil der bedarffst/stoß zůsamen/vnd misch es an ainander alles/seühe es durch in ainen hafenn / koch es wie die vorigen/so ists berait.

Das XLVI. Capitel/Wie ein grüne
suppen.

Nim das alles/das man zů der erften suppen nimpt/den saffran außgenomen/thů darzů Biessen/wenig Peterlin/etliche blätlin von waytzẽ/ so sie grün seindt/gestossen/seüh es alles durch/thů jm wie dem vorigen/

»Wie man Suppen und Fleisch richtig kochen soll« — eine Anleitung aus dem Kochbuch »Von der Eerlichen wollust des leibs« des Platina aus dem Jahre 1542.

Und dabei war es der Brauch, daß man Ehe- und Liebespaare zusammentat. Auch heute lassen wir Männer uns noch allerlei Leckereien ins »Maul stopfen«. Seinerzeit jedoch war es umgekehrt: Die Herren der Schöpfung hatten ihrer Liebsten »das Maul zu stopfen«. Mit allerlei köstlichen Leckereien, wie sie nun beschrieben werden.

Hecht von den Flus in suben

Würzige Flußhecht-Suppe —
für 4—6 Personen

1 Hecht (ca. 1000 g)	2 EL Mehl
1 l Wasser	¼ l herber
1 Zwiebel	Weißwein
2 Lorbeerblätter	100 ml Sahne
1 Bund Suppengrün	1 Eigelb
Salz, Pfefferkörner	Petersilie zum
2—3 EL Butter	Garnieren

Den Fisch ausnehmen, säubern, das Fleisch sauber von den Gräten lösen und grob zerteilen.
Die Fischreste (Gräten, Kopf, Flossen) in dem Wasser mit der in Scheiben geschnittenen Zwiebel, den Lorbeerblättern, dem zerkleinerten Suppengrün, Salz und Pfeffer ca. 30 Minuten auf etwa das halbe Volumen einkochen und danach durch ein feines Sieb seihen.
Aus Butter und Mehl eine helle Mehlschwitze machen, mit dem Fischsud auffüllen und etwa 10 Minuten ziehen lassen. Das Fischfleisch zugeben und den Weißwein unterziehen. Nach 5 Minuten mit der mit dem Eigelb verquirlten Sahne legieren. Beim Servieren mit feingehackter Petersilie überstreuen.

Kernlasuppelin

Sagosuppe — für unseren heutigen Geschmack wiedererstanden

1 l Fleischbrühe	Pfeffer
50 g Sago	1 EL gehackte
Salz	Petersilie

Den Sago in die heiße Fleischbrühe einrühren, ca. 15 Minuten kochen und ausquellen lassen. Mit den Gewürzen abschmecken, anrichten und mit der gehackten Petersilie bestreut servieren.

Ain guot ram-suben

Kräftig-würzige Rahmsuppe
mit süßem Einschlag

½ l Vollmilch	75 g Schmalz
¼ l süße Sahne	Zimt, Anis
4 Eigelb	Ingwer
2 Brötchen	3 EL Zucker

Die Milch mit der Sahne vermischen und aufkochen. Die verquirlten Eigelbe unterziehen und bei milder Hitze ca. 5 Minuten unter öfterem Umrühren ziehen lassen.
Inzwischen die in Würfel geschnittenen Brötchen im Schmalz goldbraun rösten und in die angerichtete Suppe geben.
Mit Zimt, einer guten Prise Anis, Ingwer und Zucker nach Geschmack überstreuen und servieren.

Suben von swartze bonen

Schwarze Bohnensuppe — nach Art des Bruders Küchenmeister vom Kloster Tegernsee

75 g durchwachsener Speck	zu trocken)
	¼ l Fleischbrühe
1 Zwiebel	¼ l Sahne
300 g rote Bohnen	Salz, Pfeffer
(aus der Dose)	2 EL gehackte
⅛ l Rotwein (nicht	Petersilie

Den durchwachsenen Speck in kleine Würfel schneiden und in einem Topf auf milder Hitze goldgelb auslassen, die feingehackte Zwiebel zugeben und goldgelb braten. Die Bohnen mit der Flüssigkeit dazugeben und ca. 10 Minuten schmoren.
Alles durch ein Sieb passieren oder im Mixer glatt pürieren. Mit der Fleischbrühe und Rotwein kurz erhitzen. Bei milder Hitze die Sahne unterziehen, mit Salz und Pfeffer abschmecken, anrichten, mit der gehackten Petersilie bestreuen und servieren.

Ruetschart

Ein Bohneneintopf — aus der Tegernseer Klosterküche. Er ist heute in Bayern noch als »Ritschert« bekannt.

300 g getrocknete weiße Bohnen	Bohnenkraut
1 l Fleischbrühe	2 Knoblauchzehen
250 g durchwachsener Speck	Salz, Pfeffer
150 g Möhren	Oregano
	1 Bund Petersilie

Die Bohnen waschen und gut 12 Stunden (über Nacht) in der Fleischbrühe einweichen, in dieser aufsetzen und bei geringer Wärmezufuhr ca. 1½ Stunden gar kochen.

Den durchwachsenen Speck in Würfel schneiden, auf milder Hitze goldbraun braten, die klein geschnittenen Möhren dazugeben, weich dünsten und mit zerdrücktem Knoblauch sowie dem Bohnenkraut würzen. Die Bohnen aus der Brühe nehmen und durch ein Sieb passieren. Die Möhren ebenfalls passieren. Mit dem ausgelassenen Speck gut vermischen und mit den Gewürzen kräftig abschmecken. Mit der Brühe zu einem dickflüssigen Brei verrühren, anrichten, feingehackte Petersilie aufstreuen und servieren.

Ain guot linsin-spise

Linseneintopf — ein Gericht, das ja schon in biblischen Zeiten bekannt war

400 g Linsen	50 g Schmalz
¾ l Fleischbrühe	1−2 EL Mehl
1 Bund Suppengrün	3 EL Essig
2 Zwiebeln	1 Prise Zucker
2 Knoblauchzehen	Salz, Pfeffer

Die Linsen waschen und in der Fleischbrühe gut 12 Stunden weichen lassen, mit dieser aufsetzen und ca. 1½ Stunden mit dem geputzten, kleingeschnittenen Suppengrün zusammen gar kochen.

Die kleingeschnittenen Zwiebeln und halbierten Knoblauchzehen im Schmalz andünsten, bis die Zwiebeln sich bräunen. Das Mehl zugeben und leicht bräunen.

Eine Hälfte der Linsen durch ein Sieb treiben, mit der Zwiebelsauce vermischen und wieder zu den restlichen Linsen geben. Aufkochen und mit Essig, Zucker, Salz und Pfeffer kräftig abschmecken, anrichten und servieren.

Fleysch in würzkreuter gesoten

Eine kräftige Fleischbrühe mit Kräutern — daran labte sich Erzherzog Ferdinand, der Gatte der Philippine Welser

500 g Rindfleisch (Brust oder Bein)	8 El gehackte Kräuter (Löwenzahn, Brennessel, Kerbel, Sauerampfer, Petersilie)
250 g Suppenknochen	Salz, Pfeffer
1 Zwiebel	
2 l Wasser	

Das grob zerkleinerte Fleisch mit den Knochen und der geviertelten Zwiebel in das kalte Wasser geben, langsam aufkochen und ca. 3 Stunden ziehen lassen.

Die Kräuter zugeben und nochmals ca. ½ Stunde ziehen lassen. Das Fleisch und die Knochen herausnehmen. Das Fleisch in kleine Stücke schneiden und wieder in die Suppe geben, mit Salz und Pfeffer abschmecken, anrichten und servieren.

Die angerichtete Fleischbrühe kann auch noch mit etwas gehackter Petersilie bestreut werden.

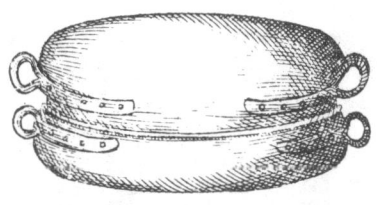

Suben von Lombardey

Lombardische Suppe — nach einem Rezept des Bartolomeo Scappi, dem Leibkoch von Papst Pius V.

500 g Möhren	50 g geriebener
50 g Butter	Emmentaler
½ l Fleischbrühe	1 Nelke
1 Zweig Thymian	Zimt, Safran
(oder entspre-	Muskat
chend getrockne-	½ l weißer
tes Gewürz)	Traubensaft
Salz, Pfeffer	3—4 Eigelb

Die geputzten und feingeschnittenen Möhren in der Butter andünsten. Die Fleischbrühe angießen und ca. 15 Minuten kochen. Dabei Thymian zugeben, salzen und mit Pfeffer würzen.
Wenn die Möhren gar sind, Käse, Gewürze und Traubensaft sowie das verquirlte Eigelb unterziehen. Die Suppe nochmals kurz aufwallen lassen (nicht mehr kochen) und servieren.

Grauwe suben mit Hennerfleysch

Huhn in grauer Suppe

1 Suppenhuhn	Estragon
(ca. 1500 g)	Thymian
2 l Wasser	Salz, Pfeffer
1 Petersilienwurzel	100 g Graupen

Das ausgenommene und gewaschene Suppenhuhn in kaltes Wasser geben, langsam zum Kochen bringen, abschäumen und zugedeckt auf milder Hitze kochen lassen. Nach einer Stunde das Herz, den aufgeschnittenen Magen, Hals und die zerkleinerte Petersilienwurzel sowie Kräuter und Gewürze zugeben.
Nach weiteren 45 Minuten die Leber zugeben. Nach ca. 15 Minuten wird die Brühe durch ein grobes Sieb gegossen, die Graupen

zugegeben, das Huhn enthäutet, das Fleisch von den Knochen gelöst, zerkleinert und alles zusammen nochmals 15 Minuten bei milder Hitze gekocht. Die fertige Suppe in einer Schüssel anrichten und servieren.

Ramsuben mit Kernla

Rahmsuppe mit Sago — wie Philippine Welser sie liebte und lobte

¾ l Vollmilch	Zimt
¼ l Sahne	1 EL Butter
50 g Sago	2 Eier
1—2 EL Zucker	Zimtzucker

Die Milch mit der Sahne vermischen, mit dem Sago unter Umrühren aufkochen lassen, Zucker und Zimt zugeben und mit der Butter nochmals ca. 10 Minuten ziehen lassen. Die Eier verquirlen, unterziehen und die Suppe servieren. Nach Geschmack noch Zucker und Zimt getrennt dazu reichen.

Rindfleysch mite Kräutter gesoten

Herzhafte Rindfleischsuppe mit Kräutern

500 g Rindfleisch	50 g Butter
(Brust oder Bein)	1 Zweig Thymian
1 Stange Lauch	(entsprechend
1 Möhre	getrockneter)
¼ Sellerieknolle	1 Petersilienwurzel
2 l Wasser	Oregano
Salz, Pfeffer	50 g Flädlein-Nudeln

Das grob zerkleinerte Fleisch mit dem ebenfalls zerkleinerten Gemüse in das kalte Wasser geben, langsam zum Kochen bringen, abschäumen und auf milder Hitze ca. 2—2½ Stunden kochen. Mit Salz und Pfeffer abschmecken, die Butter und die Kräuter dazugeben, nochmals ca. 30 Minuten kochen. Die Nudeln ca. 10 Minuten vor Ende der Garzeit zufügen.

Vonn allerlay Vischen

Spezialitäten aus der Angel und aus dem Netz

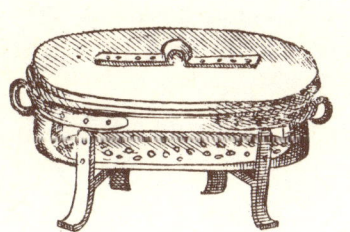

Es wäre nicht verfehlt, den Fischrezepten der Küche des Mittelalters ein Loblied zu singen, ist es doch nicht zuletzt der großen Frömmigkeit der Menschen jener Tage zuzuschreiben, daß uns eine Reihe großartiger Zubereitungen von Fischen überliefert sind, die wir heute als lukullische Schlemmereien wiederentdecken dürfen.

Die interessantesten Einblicke in die Fischküche jener Zeit geben uns zwei Bücher: das »tegernseer Koch- und Angelbüchlein« aus der Hand eines anonymen Bruder Küchenmeisters des Klosters zu Tegernsee aus dem 14. Jahrhundert und das »Fischbuch« des Schweizers Conrad Gesner. Das »tegernseer Koch- und Angelbüchlein« insbesondere zeigt uns das Gewicht, welches Fischgerichten in jenen Tagen beigemessen wurde, gab es doch neben den 52 Freitagen des Jahres noch eine Reihe von vorösterlichen, adventlichen und Jahresend-Fastzeiten, die Abstinenz vom Fleisch verlangten. Trotz aller Einfachheit und Ursprünglichkeit ist die Phantasie der Köche zu bewundern, die mit ihren sehr begrenzten Möglichkeiten oft geradezu Unmögliches möglich machten. So finden wir im Tegernseer Kochbuch 27 Fischarten in vielfacher Zubereitung. Neben »hechtenvisch« (Hecht) stoßen wir auf »vorhen« (Forellen), »präxen« (Brachsen), »Koppen« (Kaulbarsch) und viele andere. Und die Rezepte kommen uns oft so gegenwärtig vor, daß wir kaum glauben können, daß sie schon über 500 Jahre alt sind.

Ich möchte mich an dieser Stelle den berühmten Gastrosophen anschließen, die der Meinung waren, daß sich nur eine

25

Speise etwas auf ihre Berühmtheit einbilden darf: der Fisch. Und dabei insbesondere die Gattungen der Plattfische. Die Familie der Butte, Schollen und Zungen wird schon im Mittelalter gerühmt. So schreibt Gesner in seinem Buch über den Dornbutt, wir nennen ihn heute Steinbutt:

»Von Fischen kann man auff mancherley art und weise herrliche und köstliche Speise zurichten« — diese Erkenntnis hatte der Churfürstlich Meintzische Mundtkoch Marx Rumpoldt schon anno 1581.

Das Fleisch dieser Fische wird von allen naturkündigern höchlich gepriesen, als daß es so gar gesund und nützlich sey, auch lieblich zu essen, ingleichen eines angenehmen geschmacks, sey leichthin zu verdauen, speiße und sättige wol, gebe auch eynem Kranken gute Krafft und habe keinen bösen Saft.
In Summa er wird verglichen einem edlen Phasanen. Doch sol der Glatbutt noch besser seyn als der Dornbutt. Er kan auff alle weiß zubereitet werden. Er behält seyn Lob und preiß, er sey gesotten, gebraten oder gebacken, wird als auß der Zahl der köstlichsten fischen Fürsten und Herrn dargestellt.

Sie sehen, über guten Geschmack ließ sich schon vor Jahrhunderten nicht streiten. Die große Rolle, die der Steinbutt in jener Zeit schon auf den Speisezetteln spielte, manifestiert sich auch in einem Bericht über das Festmahl, das Kardinal Lorenzo dem höchstchristlichen Kaiser Karl V. im April 1536 in Rom gab. Dabei spielten delikate venezianische Steinbutte eine besondere Rolle. Und Kaiser Karl lobte zungenschnalzend seine schneeige Weiße. Leider ist in folgenden Jahrhunderten viel von dem verlorengegangen, was wir heute glücklicherweise wiederentdecken können — mit den nun folgenden Rezepten aus der Fischküche des Mittelalters.

26

Dornbutt in kreyter gebachen

Im Kräuterbett gebackener Steinbutt — ein Gericht, das den Feinschmeckern schon vor 500 Jahren das Wasser im Mund zusammenlaufen ließ

1 Steinbutt (für 4 Personen)	(Petersilie, Estragon, Thymian, Dill, Fenchelzweige, Basilikum, Borretsch usw.)
1 Eichenbrett (allseitig 5 cm größer als der Fisch, ca. 3 cm dick — am besten ein ungeleimtes Backbrett)	Salz, weißer Pfeffer
	Öl
reichlich frische Kräuter	50 g Butter
	Zitronensaft

Der Steinbutt wird unter fließendem Wasser gewaschen und gut abgetupft. Dann wird er längst entlang der Rückengräte gespalten und die dunkle Haut der Oberseite wird vorsichtig abgezogen. Dazu schneiden Sie den Fisch mit einem scharfen Messer am Schwanz ein, packen mit der einen Hand die Haut, mit der anderen den Fisch und ziehen die Haut vorsichtig, aber mit energischem Ruck ab. Die helle Haut des Fisches schneiden Sie im Abstand von 1 cm bogenartig ein. Auf das Eichenbrett (es kann auch ein anderes Hartholz, z. B. Buche, sein) legen Sie in der Größe des Fisches ein Kräuterbett aus. Der Steinbutt wird sanft gesalzen, gepfeffert und mit der hautlosen Seite auf das Bett gelegt. Auf der Oberseite mit der eingeschnittenen Haut wird der Fisch nun mit Kräutern belegt, die Sie vorher durch das Öl ziehen.

Im vorgeheizten Backofen (E: 180° C, G: Stufe 2—2½) je nach Größe des Steinbutts 20—40 Minuten backen lassen. Den fertigen Steinbutt herausnehmen, die Kräuter entfernen und den Fisch tranchieren. Dazu mit dem Fischmesser von der Mittelgräte auf den Gräten nach außen fahren und die Filets ablösen. Die Fischfilets anrichten und mit Kräutern bestreuen. Die Butter erwärmen und schaumig schlagen, mit Zitronensaft abschmecken und dazu reichen.

Ein wahrhaft königlicher Genuß. Da lohnt sich die kleine Mühe mit dem Backbrett, das nach öfterem Gebrauch immer mehr das Fumet des Steinbutts annimmt und ihn immer besser schmecken läßt.

Visch bastetten mite würtzkreutter

Delikate Fischpastete mit feiner
Würzkräuterfüllung

Teig:	1 Zehe Knoblauch
500 g Mehl	Salz, Pfeffer
2–3 Eier	2 Zwiebeln
50 g Schmalz	2 Eier
2 EL Wasser	⅛ l Weißwein
Füllung:	⅛ l Brühe
1000 g Forellen	2 EL Butter
1 Bund Petersilie	50 g dünngeschnitte-
Majoran, Kerbel	ne Speckscheiben

Aus dem Mehl, 2 Eiern, dem erwärmten Schmalz und dem Wasser einen trockenen Teig bereiten. Ist er zu bröselig, wird das weitere Ei zugegeben. Den Teig nun in Frischhaltefolie einschlagen, einige Stunden ruhen lassen.

Inzwischen werden die Forellen gewaschen, gesäubert, enthäutet und entgrätet. Das Fleisch bis auf zwei Filets feinwiegen. Zum Fischfleisch die Gewürze, den zerdrückten Knoblauch, die Kräuter und die sehr fein gehackten Zwiebeln geben und durchmischen. Dann die Eier, die weiche Butter, Wein und Brühe unterziehen. Alles gut durcharbeiten, bis ein glatter Teig entstanden ist.

Den Teig ausrollen und die ausgefettete Pastetenform (Kastenform) damit auslegen. Einen Teil für den Deckel zurückhalten. Die Form nun mit den Speckscheiben auslegen und die Hälfte der Füllung daraufgeben. Die beiden mit Speckscheiben umwickelten Filets auflegen und mit der restlichen Füllung bedecken.

Den Teigrand anfeuchten und den Deckel auflegen und andrücken, mit einer Gabel mehrmals einstechen. Im vorgeheizten Backofen (E: 200°C, G: Stufe 3) ca. 1 Stunde backen.

Garprobe mit einem Holzspießchen machen, bleibt es beim Herausziehen trocken, ist die Pastete gar. Die Pastete in der Form einige Stunden auskühlen lassen, aus der Form stürzen und in dicke Scheiben schneiden. Anrichten und servieren.

Krepfelin von hechtenvisch in gele salse

Feine Hechtklößchen in gelber Würzsauce —
eine Vorspeise für 4 Personen

250 g Hechtfleisch	Fischabfälle (Kopf,
250 g Butter	Gräten, Schwanz)
125 g Mehl	½ l Wasser
¼ l Milch	1 Kräuterbündel
4 Eigelb	(Thymian, Ore-
Salz, Pfeffer	gano, Estragon)
1 Prise Muskat	2 Eigelb
4 Eiweiß	⅛ l süße Sahne

Hechtfleisch ohne Haut und Gräten zusammen mit der Butter durch einen Fleischwolf (feine Lochung) drehen. Aus Milch, Mehl und den Gewürzen eine dickflüssige Creme kochen, das verquirlte Eigelb unterziehen und abkühlen lassen.

Das Hechtfleisch und die Creme gut miteinander vermischen. Das Eiweiß mit einer Prise Salz steif schlagen und unter die Masse ziehen, durch ein grobes Sieb passieren, auf einer Platte ca. 2 cm dick ausstreichen und 12–24 Stunden mit Folie abgedeckt in den Kühlschrank stellen.

Aus den Hechtabfällen, dem Kräuterbündel und Wasser in ca. 30 Minuten eine kräftige Fischbrühe kochen, durch ein Sieb passieren. Aus der Hechtfleischmasse längliche Klößchen mit einem Eßlöffel formen und 8–10 Minuten in der Würzbrühe garen, herausnehmen und warmstellen.

Das Eigelb mit der Sahne verquirlen, in die Brühe mit dem Schneebesen einrühren und legieren.

Die Hechtklößchen mit der Sauce überzogen servieren.

Hofeliche Krebeze

Hummer oder Langusten — nach einem alten bretonischen Fischerrezept, durch klösterliche Aufzeichnungen überliefert. Es handelt sich wahrscheinlich um das Urrezept, welches auch in der römischen Küche schon ähnlich zubereitet wurde

2 Hummer oder	Estragon
Langusten	2—3 Zwiebeln
Salzwasser	2 Knoblauchzehen
4 EL Öl	¼ l Weißwein
Salz, Pfefferkörner	1 Gläschen
Aniskörner	Armagnac
Piment	¼ l dunkle Sauce
Thymian	(Salse von
Lorbeerblätter	Hispanien)

Die beiden Hummer bzw. Langusten mit den Scheren voran in das kochende Salzwasser gleiten lassen und etwa 15 Minuten kochen. Herausnehmen und etwas abkühlen lassen. Die großen Scheren vom Hummer trennen, den Körper und den Schwanz erst der Länge nach, dann quer in vier Teile schneiden und die Weichteile entfernen.
In einer Kasserolle das Öl mit den Kräutern, den zerdrückten Knoblauchzehen, zerschnittenen Zwiebeln, Salz und Pfeffer warm werden lassen. Die Hummerteile dazugeben und schwenken, bis die Rückenschilder schön rot gefärbt sind.
Nun werden die Hummerteile herausgenommen, von Gewürzteilchen befreit und warm gestellt.
Zum Bratenfond wird der Weißwein, die dunkle Sauce (siehe Seite 60) und das Glas Armagnac gegeben. Unter Rühren läßt man die Sauce zwei- bis dreimal aufwallen, streicht sie durch ein Sieb und gibt sie über die Hummerteile.

Saibling von hofeliche Meisterkoche

Feiner Saibling nach Art des höfischen Meisterkochs

2 Saiblinge oder	nach Saison
4 Forellen	¼ l trockener
Salz, Pfeffer	Weißwein
350 g Champignons	50 g Butter
oder Steinpilze je	Saft von 1 Zitrone

Den ausgenommenen, abgeschuppten und gewaschenen Fisch innen und außen mit wenig Salz und reichlich Pfeffer würzen. In eine ausgefettete, ofenfeste Form geben.
Die Champignons oder Steinpilze putzen, möglichst aber nicht waschen, sondern nur abwischen und in Scheiben schneiden, um den Fisch verteilen, mit dem Weißwein übergießen und mit Butterflocken belegen. Den Saft der Zitrone darübergeben und den Fisch im vorgeheizten Backofen (E: 200°C, G: Stufe 3) 15—20 Minuten garen.

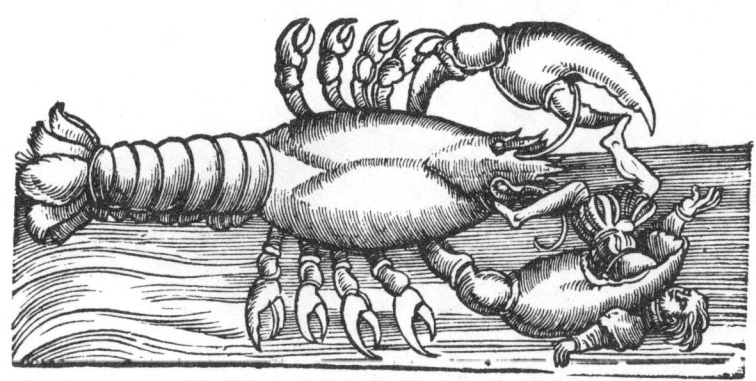

Dorttem von Krebezen

Krebstorte aus dem Ofen — als Vorspeise
oder als Hauptgericht zu servieren

Teig:	⅛ l Milch
250 g Mehl	nach Bedarf
2 Eier	Salz
25 g Schmalz	Safran
2—3 EL Wasser	Salbei
Füllung:	Petersilie
3 Eier	16—20 Krebs-
50 g geriebener Käse	schwänze
(Parmesan	1 Apfel
oder Emmentaler)	3 getrocknete Feigen
125 g geriebener	etwas Schmalz zum
Lebkuchen	Bestreichen

Aus dem Mehl, den Eiern und dem erwärmten Schmalz sowie dem Wasser einen trockenen Teich bereiten, in Frischhaltefolie einschlagen, in den Kühlschrank stellen und
einige Stunden ruhen lassen.
Aus den Eiern, dem Käse und Lebkuchen
und nach Bedarf etwas Milch eine nicht zu
dünne Füllmasse bereiten. Mit den Gewürzen kräftig abschmecken.
Den Teig ausrollen, eine ofenfeste Auflaufform oder Springform damit auskleiden. Die
Füllmasse hineingeben, gleichmäßig auftragen und die Krebsschwänze sternförmig eindrücken. Den geschälten, entkernten, in
längliche Scheiben geschnittenen Apfel und
die in Streifen geschnittenen Feigen abwech-
selnd dazwischen geben.

Darauf den Rest des Teiges geben und verschließen. Mit Schmalz einstreichen und in
den vorgeheizten Backofen (E: 200°C, G:
Stufe 3) schieben. Ca. 45 Minuten abbacken,
bis die Kruste goldbraun ist. Herausnehmen,
die Krebstorte in 8—12 Stücke schneiden,
auf Tellern anrichten und heiß — als Vorspeise — servieren.

Salmen mit würtzkreutter

Salm in Kräutersauce — aus dem Kochbuch
der schönen Augsburgerin Philippine Welser

1000 g Salm/Lachs	(Thymian, Peter-
½ l trockener	silie, Kerbel, Dill)
Weißwein	6 weiße Pfeffer-
4 Zwiebeln	körner
2 Möhren	Salz
4—6 EL gemischte	Zitronensaft
Kräuter	2 Eigelb

Einen Fischsud aus dem Wein, den Kräutern,
den in Scheiben geschnittenen Zwiebeln und
Möhren sowie 1 Eßlöffel Salz und den Pfefferkörnern kochen. Den ausgenommenen,
gesäuberten Salm/Lachs mit Zitrone abreiben, in den Sud geben und 5—8 Minuten
kochen lassen. Den Fisch herausnehmen
und zugedeckt warmstellen.
Den Sud mit 2 verquirlten Eigelb legieren
und über den portionierten, angerichteten
Fisch geben.

Ein Salmling

Vorhen daz gibt ze Tegernsee

Forellen nach einem Tegernser Klosterrezept aus dem 14. Jahrhundert

4 Forellen	1 Lorbeerblatt
8 Flußkrebse	½ l Weißwein
Wasser	Thymian, Petersilie
1 Zwiebel	Salz
3 Möhren	Pfeffer

Die Forellen werden ausgenommen, gewaschen und rund dressiert.

Das Wasser mit den Innereien (ohne Galle) aufkochen, 10 Minuten sieden lassen, durchseihen und die Fischreste entfernen.

In diesem Sud, zu dem man nun den Wein, die geputzten, feingehackten Gemüse (Zwiebel, Möhren), die Kräuter und Gewürze gibt, läßt man die Krebse zugedeckt ca. 15 Minuten kochen, nimmt sie heraus und stellt sie sehr warm. Möglichst in einem Topf — mit Sud bedeckt.

Nun die Forellen in den restlichen Sud einlegen und ca. 12—15 Minuten kochen, herausnehmen, anrichten und je 2 Krebse in den Ring der Forelle legen.

Dazu servieren Sie »salse von kren mit ram« (Seite 62) und zerlassene Butter.

Schniden von trueschen

Fischschnitten in Kräutersoße. Im Originalrezept wurde dieses Gericht mit einem Flußaal hergestellt

4 Fischfilets à 200 g (Kabeljau, Goldbarsch)	(Thymian, Oregano, Majoran, Dill, Basilikum, Kerbel)
Salz, Pfeffer	⅛ l Sahne
Zitrone	Butter
4 Speckscheiben	1 Eigelb
4 EL frische Kräuter	

Den gesalzenen und mit Zitronensaft abgeriebenen und mit Speckstreifen belegten Fisch auf eine gefettete Alufolie legen und verschließen. Auf dem Backblech in den vorgeheizten Ofen (E: 200°C, G: Stufe 3) schieben und ca. 30 Minuten garen. Aus der Folie nehmen, anrichten und mit Pfeffer würzen.

Die Kräuter inzwischen 10 Minuten mit der Sahne bei milder Hitze anwärmen und ziehen lassen. Den Fischfond unter die Kräutersauce ziehen, mit der Butter und einem verquirlten Eigelb legieren und abrunden. Die Sauce über den angerichteten Fisch geben.

Dieses feingewürzte Fischgericht können Sie auch mit anderen Fischarten — auch mit Flußfisch-Filets — zubereiten. Und probieren Sie auch eimal eine reine Dillsauce dazu.

Muos vonn vischen

Fein gewürzter Fischbrei — eine Küchenspezialität der Tegernseer Mönche

1000 g Fisch (Forelle, Schleie, Hecht, Zander)	½ l Milch
	50 g Mandeln
	8 Scheiben Weißbrot
½ l Wasser	50 g Reis
Salz	ca. ⅛ l Salzwasser
Kräutersträußchen	

Den Fisch waschen, enthäuten, entgräten und das Fleisch fein wiegen. Die Fischabfälle (ohne Kopf und Galle) in Wasser mit einer Prise Salz und dem Kräutersträußchen aufkochen und ca. 15 Minuten ziehen lassen.

Währenddessen die Mandelmilch aus Milch und gehackten Mandeln kochen. Die Weißbrotscheiben in der Mandelmilch weichen.

Die Fischbrühe durch ein feines Sieb passieren. Den Reis im Salzwasser etwa 15 Minuten kochen lassen. Das Fischfleisch, Weißbrot und den Reis durch ein grobes Sieb in den Fischsud passieren.

Nun unter ständigem Rühren nochmals aufkochen und mit der Mandelmilch zu einem cremigen Brei anmachen. Anrichten und servieren.

Vonn wildtbrät zemachen

Wildgerichte nach der Art der Küchenmeister

Wildbret gehört zu den ältesten Nahrungsmitteln der Menschheit. Denn schon die Menschen der Steinzeit lebten als Jäger von dem Fleisch der Wildtiere. Im Mittelalter erreichte die Jagd eine Blütezeit im höfischen Leben und mit ihr auch die Zubereitung von Wild. Die Vielfalt der Rezepte, die phantasievolle Kunstfertigkeit der Küchenmeister, erstaunt uns heute ebenso wie die Vielzahl der Tiere, die auf die Tafel kamen und deren immense Menge. Wir stoßen neben den auch heute noch bekannten und bei Feinschmeckern so beliebten Haarwildarten wie Elch-, Rot-, Dam- und Rehwild, Gemsen, Schwarzwild und Hasen auf Wildarten, die wir heute sorgsam hegen wie Stein- und Muffelwild, Bären, Dachse und Ottern und selbst Biber, deren Schwänze als besondere Delikatesse galten, kamen auf die Tafeln. Beim Federwild finden wir eigentlich alles wieder, was auch heute noch fleucht. So standen auf den Speisezetteln neben Wildhühnern wie Rebhühner, Wachteln, Birk- und Auerhahn, Schneehuhn auch der mit den Kreuzzügen erst nach Europa eingeführte

32

Fasan. Tauben, Enten, Gänse, Schnepfen, Bleßhühner und Kraniche wurden genauso verzehrt wie Möwen, Störche, Reiher, Trappen und selbst Drosseln (Krammetsvögel), die allerdings auch heute in Frankreich noch als gesuchte Schlemmerei gelten.

Ein Beispiel davon, welche Mengen Wild verzehrt wurden, zeigt der Jagdbericht über zwei Hirschjagden, die in dem Jahre 1568 anläßlich der Münchner Fürstenhochzeit zwischen Herzog Wilhelm V. von Bayern und Renata von Lothringen stattfanden. Diese als großartigstes und prächtigstes Fest des Jahrhunderts beschriebene Hochzeit brachte für die Gäste am 3. März 80 Hirsche und am folgenden Tag gar 120 Hirsche für die Festmähler zur Strecke. Und ein Bericht über das Krönungsmahl mag uns zeigen, welcher Prunk auf der Tafel herrschte und welche großartigen Künstler die Köche waren.

Man speiste im großen Saal der Neuen Veste. Auf der Tafel liegen 40 Gedecke

»Allerlei Speiß und Trachten« kamen auf die reichlich gedeckte Tafel der Edelleute. »Wann sich die Junkkern nider gesetzt haben / so sol man alsbald aufftragen«, vermeldet Mundkoch Rumpoldt.

mit goldbestickten Servietten, 20 silberne und vier goldene Salzgefäße und allerhand herrliches Tafelgerät. Sechs mannshohe Löwen als Kerzenhalter und viele silberne Leuchter umstehen die Tafel, zu deren Haupt das Brautpaar unter einem goldbestickten Thronhimmel mit dem bayrischen und lothringischen Wappen sitzt, ihnen zur Seite die erlauchten Fürsten mit ihren hochgeborenen Damen und die vornehmsten Gesandten, insgesamt 20 Personen. Im großen Rundsaal ist die Fürstentafel für die Geschwister des Brautpaares, die übrigen Verwandten und die erlauchten Gäste hergerichtet. Die Tafel wird bedient von den vier Marschällen, 30 Grafen, 40 Baronen und zahlreichen Edelleuten.

»Von allerley wildpret seindt köstlich Speiß und Trachten zu machen« — sagt Platina in seinem Kochbuch aus dem Jahr 1542.

34

Das erste Gericht wird von den 4
Marschällen, begleitet von 6 Edelknaben
mit brennenden Wachslichtern,
aufgetragen und vom Schall von Pauken
und Trompeten begleitet. Ihm werden
drei kunstvoll verfertigte Wachsschiffe
mit farbig bemalten Wachsgebilden an
den Masten vorangetragen, darstellend
die zehn Lebensalter des Menschen...
Die sechste Tracht (Gang) besteht aus drei
kunstvollen Labyrinthen von Backwerk in
deren Mitte Damen und Ritter beim
Gastmahl sitzen, ferner aus drei
brennenden Öfen und drei vierspännigen
ungarischen Kutschen mit sich
bewegenden Pferden.
Backwerk ziert auch das siebente Gericht:
drei mit Muskatwein beladene,
sechsspännige Wagen deutscher Art, dazu
drei Kastelle mit den Wappen von
Österreich, Bayern und Lothringen, jedes
drei Spannen hoch (ca. 75 cm)...
Hierauf werden Früchte aufgetragen und
mit ihnen Darstellungen von drei Gärten,
im ersten die Göttin Pomona, im zweiten
Ceres und im dritten Diana, die mit drei
Nymphen badet.
Während unter der Leitung von Orlando
di Lasso Quartette vorgetragen werden,
wird der Nachtisch gereicht, nämlich
Pfauen, Fasanen, Rebhühner und
Haselhühner, Kapaunen, Pasteten, Sulzen
und Lammbraten, Ferkel,
Wildschweinköpfe, Hirsche, Kaninchen
und Enten nebst vielen Arten von Fischen.
Diesen »Nachtisch« ziert Zuckerwerk (!)
mit Darstellungen aus dem Alten und
Neuen Testament. Zu allen Speisen
werden erlesene Weine serviert. Wie zu
Beginn des Mahls wird nun den Gästen
wieder wohlriechendes Wasser zum
Händewaschen gereicht.

Rucken von rehwild an spis gepraten

Rehrücken am Spieß gebraten —
für 4—6 Personen

1 ungespickter Reh-rücken (1500 g)	⅛ l süße Sahne
100 g Butter	⅛ l saure Sahne
Majoran, Thymian,	Beize (nur für
Rosmarin, Salbei,	Rehböcke):
	1 l Buttermilch

Die Rehrücken von Ricken (Rehdamen) und Jungböcken nicht beizen, da sie einen zarten Wildgeschmack haben, der durch das Beizen beeinträchtigt wird. Nur die Rücken von älteren Böcken sollten 6—12 Stunden in Buttermilch gebeizt und ab und zu gewendet werden.

Den Rehrücken säubern, mit Küchenkrepp abtrocknen und auf den Spieß stecken. Die Butter mit den feingehackten, frischen Kräutern vermischen (nehmen Sie getrocknete Kräuter z. B. Herbes de Provence, so lassen Sie sie eine Viertelstunde in Wasser ziehen). Den Rücken dick mit Kräuterbutter bestreichen und unter den Grill hängen. Den Rücken nun immer wieder mit der Kräuterbutter bzw. dem herabgetropften Bratenfond bestreichen.

Nach ca. 30 Minuten ist der Rücken gar. Er soll »à point« gebraten sein, d. h., sein Fleisch muß noch rosa schimmern. Ist das Fleisch noch nicht gar, so reagiert es wie Gummi, rosa gebratenes Fleisch ist elastisch, zu sehr durchgebratenes fest. Können Sie die Garstufe nicht durch einen Daumendruck feststellen, so machen Sie mit einem scharfen Messer einen spitzen Einschnitt bis auf den Knochen und sehen nach, wie das Fleisch dort aussieht.

Ist das Fleisch richtig gebraten, so lassen Sie den Rücken noch etwa 10 Minuten ruhen, damit sich die Fleischsäfte beruhigen und setzen können. Dann das Fleisch vom Knochen lösen, in dicke Scheiben schneiden und auf dem Knochen anrichten. Den Braten-fond mit der Sahne loskochen und über den angerichteten Rehrücken gießen.

Schlegl von Reh

Würzig marinierte Rehkeule —
für 4—6 Personen

1 Rehkeule (gut 1500 g)	Salz
Marinade:	**Zum Braten:**
½ l Weißwein	Pfeffer, Salz
1 EL Thymian	100 g Speckscheiben
1 TL Majoran	50 g Butter
4 Lorbeerblätter	oder Schmalz
10 Pfefferkörner	1 Bund Suppengrün
2 Zwiebeln	2 Zwiebeln
4 Knoblauchzehen	⅛ l Sahne
	Rotwein

Die Marinade zubereiten und die gesäuberte Rehkeule 12—24 Stunden darin einlegen, herausnehmen und abtrocknen. Salzen, pfeffern, mit den Speckscheiben bardieren und im Bräter in den vorgeheizten Backofen (E: 225° C, G: Stufe 4) schieben.

Während der Bratzeit immer wieder mit der Marinade und dem Bratensaft übergießen. Nach ca. 20 Minuten das geputzte und zerkleinerte Suppengrün und die geviertelten Zwiebeln zugeben.

Nach ca. 40 Minuten den Speck abnehmen. Nach einer Stunde die Keule aus dem Ofen nehmen und warm stellen.

Den Bratenfond durch ein Sieb geben, mit Sahne binden und mit Rotwein, Pfeffer und evtl. etwas Salz abschmecken.

Dazu reichen Sie stilgerecht »rosenkrautz kepfla«.

Ein gut geriht von Haßen

Hasentopf nach einem Rezept von Frantz de Rontzier aus dem Jahr 1598, erschienen in einem der ersten Kochbücher deutscher Sprache, dem »Kunstbuch von mancherley Essen« — für 6 Personen

1 Hase (ca. 2000 g)	800 g Schweine-
2 Tassen Essig	bauch
3–4 Zwiebeln	100 g Schweine-
4 Knoblauchzehen	schmalz
4 Nelken	50 g Mehl
Pfeffer	50 g Pumper-
je 1 Bund Thymian,	nickel
Majoran,	Salz
Estragon	250 g Brotteig
1 Flasche halbtrok-	evtl. vom Bäcker
kener Rotwein	

Den Hasen ausnehmen, waschen und gut abtrocknen. Das Blut auffangen und mit dem Essig vermischen. Den Hasen in kleine Stükke tranchieren und in einen Steinguttopf füllen. Die gehackten Zwiebeln, den zerdrückten Knoblauch und die Gewürze dazugeben, mit der Blutessigmischung und dem Wein übergießen. Etwa 4–6 Stunden kühlgestellt marinieren lassen.

Den Schweinebauch in Würfel schneiden und in einer Kasserolle anbräunen. Nun die gut abgetropften Hasenstücke in Mehl wenden und in einer Pfanne anbraten. Die Hasenstücke auf den angebräunten Schweinebauch legen, den geriebenen Pumpernickel, den Mehlrest und die Marinade zugeben, salzen und alles zusammen kurz aufkochen. Jetzt die ganze Mischung in eine Steingutkasserolle oder Auflaufform geben und mit dem Brotteig fest verschließen. Im vorgeheizten Backofen (E: 180° C, G: Stufe 2–2½) ca. 1½ Stunden backen. Herausnehmen und direkt im Topf auftischen.

Dazu reichen Sie »steynbrotfladen« und »Salse von kronsbere«.

Hasenbastettem

Hasenpastete, ein etwas kompliziertes Rezept für 6 Personen, dessen Mühen der Zubereitung sich aber lohnen

1 junger Hase	1 TL Thymian
(ca. 1500 g)	Salz, Pfeffer
250 g Speck-	
scheiben	**Beize:**
	½ l Rotwein
Füllung:	3 Zwiebeln
Innereien vom	2 Knoblauchzehen
Hasen	
400 g Wildleber	
150 g Semmel-	50 g Schmalz
brösel	**Pastete:**
1/16 l saure Sahne	Fett für die
1/16 l Rotwein	Auflaufform
10 Knoblauchzehen	⅛ l Sahne
	¼ l Rotwein

Der Hase wird ausgenommen, gewaschen und gut abgetrocknet.

Hasenleber, Herz und Wildleber werden in feine Würfel gehackt und mit den Semmelbröseln in eine Schüssel gegeben. Sahne und Rotwein angießen. Die Knoblauchzehen zerdrücken und mit dem zerrebelten Thymian zur Füllung geben. Mit Salz und Pfeffer abschmecken. Gut durcharbeiten und den Hasen mit der Masse füllen. Der Hase wird nun verschlossen und mit den Speckscheiben umwickelt.

Beize aus Rotwein, in Scheiben geschnittenen Zwiebeln und halbierten Knoblauchzehen bereiten. Den Hasen 24 Stunden darin beizen.

Schmalz in einen Bräter geben, den abgetrockneten Hasen darauflegen, in den vorgeheizten Backofen (E: 225° C, G: Stufe 4) schieben und unter ständigem Übergießen mit der Beize 2½ Stunden braten. Nach 2 Stunden die gehackten Zwiebeln und den zerdrückten Knoblauch aus der Beize zugeben.

Der fertige Hase wird aus dem Backofen genommen, zerlegt und entbeint. In die ausgefettete Auflaufform nun schichtweise Fleisch und Fülle geben. Den Bratenfond mit Sahne und Rotwein binden, würzen und über die Pastete geben.

Die Form in den vorgeheizten Backofen (E: 225° C, G: Stufe 4) schieben und ca. 40 Minuten backen. Garprobe mit einem Holzspieß machen, bleibt er beim Herausziehen trocken, so ist die Pastete fertig. Herausziehen und auskühlen lassen.

Die Pastete in der Form auf den Tisch bringen oder zuvor in Scheiben schneiden und anrichten.

Dazu gibt's Semmeltorte und Preiselbeeren.

Schlegl von Gems

Gemskeule — eine Spezialität aus der Schloßküche von Ambras, dem Schloß der Philippine Welser — für 6 Personen

1 Gemskeule (ca. 1000 g)	1 Möhre
2 Knoblauchzehen	⅛ l Sellerieknolle
1 Zwiebel	3 Pfefferkörner
¼ l Rotwein	3 Wacholderbeeren
	Salz, Pfeffer
100 g frischer Speck in dünnen Scheiben	evtl. noch 2–3 Knoblauchzehen
1 EL Butter	2 EL Preiselbeeren
1 Zwiebel	falls möglich
1 Petersilienwurzel	1 kl. ungespritzter, frischer Tannenzweig

Die Beize aus Rotwein, der in Ringe geschnittenen Zwiebel und einer zerdrückten Knoblauchzehen bereiten. Die Gemskeule säubern, Hautreste und Flechsen entfernen und mit der gestiftelten zweiten Knoblauchzehe spicken. In die Beize legen und 2 Tage unter öfterem Wenden durchziehen lassen.

Die Keule herausnehmen, abtrocknen und mit den Speckscheiben umwickeln. In einer Bratenpfanne in der Butter von allen Seiten anbraten.

Nach dem Anbraten die grobgehackte Zwiebel und das feingeschnittene Gemüse, die

zerkleinerten Pfefferkörner und zerquetschten Wacholderbeeren mit etwas Marinade zufügen und die Keule ca. 2 Stunden zugedeckt schmoren (E: 200° C, G: Stufe 3).

Den Deckel abnehmen und die Keule noch eine weitere Stunde braten lassen. Dabei mit dem Bratenfond immer wieder überschöpfen und evtl. noch etwas Beize zugeben. Und wer Knoblauch mag, läßt noch 2 halbierte Zehen mitschmoren.

Zum Schluß die Keule herausnehmen und im ausgeschalteten Backofen noch gut 10 Minuten ruhen lassen. Den Fond salzen, mit Preiselbeeren und evtl. einem TL feingehackter Tannennadeln abschmecken. Noch einmal aufkochen.

Das Fleisch vom Knochen lösen, in dicke Scheiben schneiden und mit der Soße übergießen.

Bastettem von wildbredt mit weikselenmuos

Wildpastete mit Weichselkirschmus — für 4–6 Personen, als Vorspeise auch für ca. 10 Personen

Teig:	125 g Kalbsleber
500 Mehl	20 g Butter
2–3 Eier	3–4 EL Armagnac (Cognac)
50 g Schmalz	4–5 EL Rotwein
2 EL Wasser	2 Zwiebeln
	50 g Pistazien
Füllung:	Salz, Pfeffer
500 g Wildfleisch (Reh, Hirsch)	Majoran
250 g Kalbfleisch	Fett für die Form
250 g frischer Speck	1 Eigelb

Aus den Zutaten für den Teig wird ein trockener Teig unter der Zugabe des erwärmten Schmalzes hergestellt. Den Teig nun mindestens 1 Stunde im Kühlschrank zugedeckt ruhen lassen.

Inzwischen die Hälfte des Wildfleisches, das Kalbfleisch und den Speck durch einen mittelfeinen Fleischwolf drehen. Die Leber in der Butter leicht abbräunen, mit Armagnac löschen und herausnehmen. Das restliche Wildfleisch in feine Streifen schneiden und in der Pfanne anbraten, mit dem Rotwein ablösen und herausnehmen.

Im Bratfond die gewürfelten Zwiebeln dünsten. Die Pistazien grob hacken. Die Leber und das Wildfleisch fein würfeln und kräftig würzen.

Die durchgedrehte Fleischmasse, Zwiebeln, Pistazien und den Bratfond gut vermischen und kräftig abschmecken. Wild und Leber unterheben.

Den Pastetenteig auf etwas Mehl ausrollen und eine ausgefettete Form damit auslegen. Dabei genügend Teig für den Deckel zurückbehalten.

Die Fleischfüllung hineingeben, glattstreichen, die Teigränder anfeuchten, den Deckel auflegen und gut andrücken. Mit einer Nadel mehrmals in den Deckel stechen, damit der Backdampf entweichen kann. Dann den Deckel mit dem verquirlten Eigelb bestreichen und die Pastete in dem vorgeheizten Backofen (E: 200–225° C, G: Stufe 3–3½) ca. 90 Minuten backen. Garprobe mit einem Holzspießchen machen, bleibt es beim Herausziehen trocken, ist die Pastete gar. Herausnehmen und über Nacht auskühlen lassen. Aus der Form stürzen, in Scheiben schneiden, anrichten und servieren.

Das »weikselenmuos«, das es als Beilage dazu gibt, finden Sie auf Seite 64 beschrieben.

Auch dieses Rezept zeigt wieder einmal, daß die Köche des Mittelalters Rezepte hatten, die sich mit unseren heutigen ehrenvoll messen können.

Ruckn von wildschweyn in krustem

Überkrusteter Wildschweinrücken mit Weinbeeren —
davon können 8 Personen oder 2 × 4 Personen satt werden

1 Frischlingsrücken (ca. 3000 g)	3 Eier
Thymian, Salbei	3 EL Semmelbrösel/Paniermehl
Pfeffer	3 EL gehackte Petersilie
Salz	1 TL Zucker
½ l roter Traubensaft	1 Msp. gemahlener Zimt
2 Möhren	etwas Ingwer
1 Zwiebel	150 g blaue Trauben
¼ Sellerieknolle	6 EL süße Sahne
1000 g Butter	

Den Wildschweinrücken säubern, Hautreste entfernen und das Fleisch mit den Kräutern, Pfeffer und Salz kräftig einreiben und in einen Bratentopf legen. Den Traubensaft dazugießen und die geputzten, kleingeschnittenen Möhren, Zwiebel und Sellerie beifügen. Ca. 90 Minuten unter häufigerem Begießen auf milder Hitze schmoren lassen.

Inzwischen aus der weichgemachten Butter, den Eiern, Semmelbröseln, Petersilie, Zucker, Zimt und Ingwer eine Paste anrühren. Das Fleisch aus dem Topf nehmen, abtropfen lassen und gut mit der Paste bestreichen. Im vorgeheizten Backofen (E: 200° C, G: Stufe 3) nochmals ca. 10 Minuten überbacken, bis die Kruste goldbraun und knusprig geworden ist.

Den Schmorfond durch ein Sieb passieren, die halbierten, entkernten Trauben dazugeben, aufkochen und mit der Sahne binden. Das Fleisch von den Knochen lösen, in Scheiben schneiden, anrichten und die Sauce dazu reichen.

Den Rücken nach Belieben in 2 Portionen teilen. Die Restportion einfrieren und spätestens nach 3 Wochen verbrauchen.

Mite Epfele gefilte entelin

Wildente — mit Äpfeln gefüllt

2 Wildenten	50g Schmalz oder
Salz, Pfeffer	Butter
Majoran	1/16 l Apfelbrannt
4 säuerliche Äpfel	(Calvados)
6 Scheiben Bardier-	1/4 l Wasser
speck	4 EL saure Sahne

Die bratfertig vorbereiteten Wildenten waschen, trockentupfen und innen salzen. Außen mit Salz, Pfeffer und Majoran einreiben. Die Äpfel waschen, ungeschält achteln und entkernen. Die Enten damit füllen und verschließen. Am Einfachsten mit dem sogenannten Schnürschuh-Trick: Die Öffnung quer mit Zahnstochern zustecken und mit einem Garn wie einen Schnürschuh verschließen.

Nun mit den Speckscheiben umwickeln und in das heiße Schmalz legen. Im vorgeheizten

Der Tranchiermeister legt an der Tafel vor.

Backofen (E: 225°C, G: Stufe 4) ca. 45 Minuten braten, wobei die Enten hin und wieder mit dem Bratfett und der Mischung aus Apfelbrannt und Wasser übergossen werden. Den Bardierspeck entfernen und die Enten ca. 8—10 Minuten weiterbraten lassen, bis sie knusprigbraun sind.

Die Enten im ausgeschalteten Backofen noch etwa 10 Minuten ruhen lassen. Währenddessen den Bratenfond mit der Sahne loskochen und abschmecken.

Die Verschlüsse der Enten entfernen, die Enten der Länge nach halbieren, mit der Füllung anrichten und mit der Sauce überziehen.

Gefilte wachtl mit wildbrett von ayren

Gefüllte Wachteln auf Eierteigstäbchen. Eine beliebte Delikatesse am Hof Erzherzog Ferdinands und seiner feinschmeckerischen Gemahlin Philippine Welser

8 Wachteln	Rosmarin
Salz, Pfeffer	Salz, Pfeffer
100g Speckscheiben	2 Knoblauchzehen
zum Bardieren	2 Gläschen Arma-
Füllung:	gnac/Cognac
200g Wildfleisch	4 EL süße Sahne
Leber und Herz der	4 EL gehackte
Wachteln	Pistazien
Majoran	4 EL Semmelbrösel

Die ausgenommenen Wachteln waschen und abtrocknen. Dann innen und außen wenig salzen, aber gut pfeffern.

Das Wildfleisch und die Innereien für die Füllung fein hacken, mit den Gewürzen, den zerdrückten Knoblauchzehen, Armagnac, Sahne, Pistazien und Semmelbröseln gut vermengen und ca. 1 Stunde zugedeckt ziehen lassen. Dann die Wachteln mit der Farce füllen, verschließen und mit den Speckstreifen bardieren.

In einer Bratenpfanne im vorgeheizten Backofen (E: 200°C, G: Stufe 3) ca. 30 Minuten

Allerlei Geflügel — eine Abbildung aus dem Kochbuch des Platina.

braten. Während der Zeit immer wieder mit dem Bratfett begießen. Die fertigen Wachteln herausnehmen, Speck und Verschlüsse entfernen und anrichten.

Als Beilage servieren Sie dazu das »wildbrett von ayren«, dessen Rezept Sie auf Seite 68 finden.

Krammetsvögel mit vinpleter

Krammetsvögel oder Wacholderdrosseln mit Weinblättern — eine Delikatesse der höfischen Küche des Mittelalters, heute als Rebhuhn in Weinblättern wiederentdeckt

4 junge Rebhühner (sie haben gelbe Ständer)	Weintrauben
	150 g Weinblätter (aus der Dose)
40 g Butter	100 g Speckscheiben zum Bardieren
Salz, Pfeffer	
8 Wacholderbeeren	¼ l weißer
500 g grüne	Dessertwein

Die Rebhühner ausnehmen, schnell waschen und abtrocknen. Aus Butter, zerstoßenen Wacholderbeeren, Salz und Pfeffer eine Paste bereiten und die Rebhühner innen sowie außen damit gut einreiben, mit den gewaschenen, entkernten Weintrauben füllen und mit dem Schnürschuh-Trick verschließen. Mit den Weinblättern umlegen.

Nun mit den Speckscheiben umwickeln und mit einem dünnen Garn festbinden.

Sollten Sie einen Grill haben so stecken Sie die Tiere auf einen Bratspieß und lassen sie in den vorgeheizten Grill 20—25 Minuten unter ständigem Begießen mit dem Wein braten. Speckscheiben abnehmen und noch ca. 5 Minuten grillen.

Die fertigen Tiere mit dem Bratfond übergießen und heiß servieren.

Oder sie werden im Backofen — vorheizen (E: 200° C, G: Stufe 3) — 20 Minuten gebraten. Dann Bardierspeck und Weinblätter ablösen und nochmals 5 Minuten bei starker Oberhitze bräunen. Den Bratfond mit dem Dessertwein ablöschen, abschmecken und zu den Rebhühnern servieren.

Von zam vögelin

»Geflügelte« Gerichte aus der Küche des Mittelalters

Einer der beliebtesten Spitzenreiter der mittelalterlichen Küche war das liebe Federvieh. Das Hausgeflügel wie Gans, Huhn und Ente, vom Bratenspieß oder aus dem Backofen, als Braten oder als Pastete.

Und es waren phantasievolle, kulinarische Köstlichkeiten, von denen uns heute eigentlich nur noch die Martinsgans, die Kirchweih-Ente und die traditionsreiche, deutsche Weihnachtsgans erhalten sind. Im folgenden Kapitel möchte ich Ihnen Rezepte vorführen, die das liebe Federvieh in bisher unbekannten Variationen zeigen. Damit auch Sie, wie ich hoffe, bald zur Gemeinde der begeisterten Geflügelfreunde zählen — zu Geflügelkennern, die mehr aus den köstlichen geflügelten Tieren machen können als Suppe, Ragout und Brathähnchen.

Also folgen wir dem Motto:

stekk an die gentzpratem,
darzu die henner jung,
darauf mag uns gerathen
eyn freyer, frischer trunck.

In der Hofküche wird ein
Festmahl mit allerlei Geflügel zubereitet —
eine Abbildung aus dem
berühmten »Bankett-Buch«
des Messisbugo — erstmals
gedruckt im Jahre 1549.

Henner von maistreken Bartolomeo

Gefülltes Huhn nach Art eines bischöflichen
Meisterkochs —
für 4—6 Personen

1 Poularde (ca. 1500 g)	500 g Rinder-rippchen
	1 Markknochen
Füllung	200 g Möhren
350 g milder, roher Schinken	150 g weiße Rüben
200 g Kalbsschnitzel	100 g Lauch
1 Bund Petersilie	1 Zwiebel
Knoblauch	Salz
Salz, Pfeffer	Pfeffer
1 Ei	Wasser oder Hühnerbrühe

Die Poularde ausnehmen, waschen und innen sowie außen gut abtrocknen. Den Schinken und das Schnitzelfleisch einmal durch den Fleischwolf (grobe Lochung) drehen, mit der gehackten Petersilie, dem zerdrückten Knoblauch und dem Ei vermischen. Mit Salz und Pfeffer würzen.

Die Füllung in das bratfertig vorbereitete Huhn geben und verschließen. Am einfachsten wird die Öffnung mit Zahnstochern zugesteckt und um diese kreuzweise ein Faden geschlungen, der am Ende verknotet wird.

Die Rippchen, Markknochen und das geputzte und grob geschnittene Gemüse in einen Schmortopf geben, die Poularde daraufsetzen und soviel Wasser aufgießen, daß das Gemüse bedeckt ist. Salz zugeben und zugedeckt langsam aufkochen, 2—3 Stunden auf milder Hitze schmoren lassen, dabei hin und wieder mit dem Fond überschöpfen.

Die Poularde herausnehmen, den Verschluß entfernen, die Füllung herausnehmen und anrichten. Die Poularde in Portionsstücke teilen und dazu anrichten. Das Gemüse darum garnieren, pfeffern und mit etwas Fond überschöpfen.

Eine Geflügel-Delikatesse, nach der sich die alten Rittersleute die Finger leckten.

Henner in salse von rothem wein

Poularde in Rotwein-Sauce — ein Rezept, das auf Julius Caesar zurückgehen soll und uns vom päpstlichen Leibkoch Bartolomeo Scappi überliefert ist

1 Poularde (ca. 1500 g)	möglich)
	1 EL Mehl
100 g Butter	1 Kräuter-sträußchen
125 g durchwachsener Speck	1 Flasche kräftiger Burgunder
10 Schalotten	Salz
250 g Champignons	Pfeffer
2 Trüffel (falls	

Die ausgenommene, vorbereitete Poularde wird der Länge nach halbiert und in Brust und Keulen geteilt. In einer Kasserolle werden die Hälfte der Butter, der gewürfelte Speck und die gehackten Schalotten zugedeckt gedünstet. Nach 5 Minuten werden die feinblättrig geschnittenen Champignons dazugegeben und weitere 5 Minuten gedünstet. Das Gemüse und den Speck herausnehmen und beiseite stellen.

Die Poulardenteile hineinlegen und mit der restlichen Butter goldbraun anbraten. Das Gemüse und Speckwürfel wieder zugeben und evtl. auch die feingehackten Trüffeln. Salzen und pfeffern.

Nach 5 Minuten wird alles mit Mehl überstäubt und untergezogen. Dann wird der Burgunder angegossen, das Kräutersträußchen beigegeben und der Topf wieder zugedeckt. Die Poularde noch ca. 30 Minuten schmoren lassen, anrichten und servieren.

Zu diesem Gericht schmecken gut »in buttern anprenzt probstsemel« — in Butter goldbraun gebratene Weißbrotscheiben.

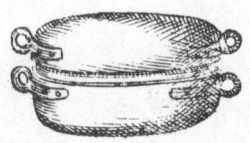

Kaponenbastettem mit guot phlumenmuos

Hühnerfleisch-Pastete mit Pflaumenmus

Teig:	Basilikum
250 g Mehl	Rosmarin
2 Eier	Estragon
50 g Schmalz	1 Zwiebel
2 EL Milch oder	2 Eier
Wasser	⅛ l saure Sahne
Salz	⅛ l Weißwein
Füllung:	100 g durchw. Speck
1000 g Hühner- oder	in Scheiben
Hähnchenbrust	Fett zum Ausfetten
Majoran	1 Eigelb

Aus Mehl, Eiern, erwärmtem Schmalz und Wasser einen trockenen Teig bereiten, salzen und ca. 2 Stunden zugedeckt ruhen lassen. Inzwischen das Fleisch in kochendem Wasser 10 Minuten garen lassen. Herausnehmen und bis auf eine Brust das ganze Fleisch mit den Kräutern zweimal durch einen Fleischwolf drehen. Die Masse mit den Eiern, der feingehackten Zwiebel, der Sahne und dem Weißwein vermengen.
Die restliche Brust in den Speck einwickeln. Eine Auflauf- oder Pastetenform (Kastenform) ausfetten und mit dem Teig auslegen, dabei einen Rest für den Deckel zurückbehalten. Die Pastetenfülle zur Hälfte hineingeben, die ganz gebliebene Brust darauflegen und mit dem Rest der Fülle zudecken.
Die Teigränder anfeuchten, den Deckel auflegen und andrücken. Mit dem Eigelb bestreichen und mit einer Nadel mehrmals einstechen, damit der Dampf beim Backen entweichen kann. Im vorgeheizten Backofen (E: 200°C, G: Stufe 3) ca. 1 Stunde backen. Garprobe mit einem Holzstäbchen machen, bleibt es beim Herausziehen trocken, ist die Pastete gar. Aus dem Backofen nehmen, über Nacht auskühlen lassen, aus der Form stürzen und in Scheiben geschnitten anrichten.

Dazu reichen Sie Pflaumenmus, das Sie mit einer Prise Zimt und Ingwer pikant abschmecken.

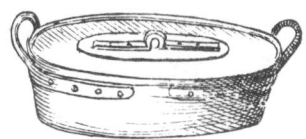

Kapon von spis mit vil guot würtzkreyter

Knusprig würziges Huhn — am Spieß gebraten

1 Poularde	Basilikum
(ca. 1500 g)	Majoran
Salz, Pfeffer	Kerbel
Majoran	Estragon
Rosmarin	
	20 g Butter zum
Füllung:	Bestreichen
2 Knoblauchzehen	3 EL Honig
20 g Butter	3 EL Wasser

Die Poularde ausnehmen, waschen und abtrocknen. Die Knoblauchzehen zerdrücken und mit der Butter vermischen. Die Poularde von innen damit gut einreiben. Die Kräuter in die Poularde stopfen und verschließen. Die Poularde von außen mit wenig Salz, reichlich frisch gemahlenem Pfeffer, zerstoßenem Majoran und Rosmarin einreiben, auf den Bratspieß stecken und unter den Grill hängen. Während der Bratzeit hin und wieder mit Butter bestreichen. Nach etwa 45 Minuten mit der Honig-Wasserlösung einpinseln und noch ca. 5—10 Minuten bräunen lassen.
Die Poularde portionieren, indem man sie der Länge nach halbiert und dann quer in Bruststücke und Keulen tranchiert.

Dazu gibt es Gemüse oder — etwas ungewöhnlich — die gebratenen Äpfel »epfi in vine mith mandel« von Seite 94.

Gefilte taup von spis

Gebratene Taube am Spieß — oder auch aus dem Backofen

4 Tauben	der Tauben
Salz, Pfeffer	2 Eier
100 g Speck in dün-	1—2 EL Sahne
nen Scheiben	Salz, Pfeffer
	Muskat
Füllung:	40 g Butter
1 Brötchen	
1 Bund Petersilie	**Sauce:**
1 Zwiebel	⅛ l Weißwein
Herzen und Leber	4 EL süße Sahne

Die bratfertigen Tauben waschen, abtrocknen und von innen sowie außen salzen und pfeffern. Das Brötchen einweichen und ausdrücken. Die Petersilie, die Zwiebel und die Innereien fein hacken und mit dem Brötchen, den Eiern und der Sahne gut vermengen. Mit den Gewürzen kräftig abschmekken. Die Masse in die Tauben füllen und diese an Hals und der unteren Öffnung verschließen, dressieren und in die Speckscheiben einwickeln.

Auf den Bratspieß stecken oder im Bräter in dem vorgeheizten Backofen (E: 175° C, G: Stufe 2) ca. 30—45 Minuten unter mehrfachem Begießen mit dem Bratfett und Wein braten.

Den Speck von den Tauben ablösen und den Bratenfond mit der Sahne zu einer Sauce verkochen. Abschmecken. Die Tauben der Länge nach halbieren, mit der Füllung anrichten und die Sauce dazugeben.

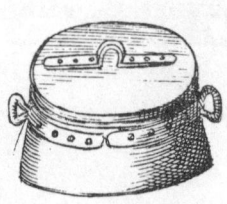
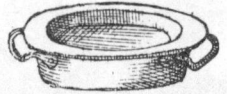

Gefilte Ganselin mite blaufwen krautzchol

Würzig gefüllte Gans mit Blaukraut — eine Spezialität der mittelalterlichen Küche — für 4—6 Personen

1 Gans (ca. 2500 g)	1 TL Zimt
Salz, Pfeffer	Majoran
500 g Äpfel	Thymian
250 g Birnen	Honigwasser
2 Zwiebeln	(Verhältnis 1:1)

Die Gans ausnehmen, waschen, abtrocknen und innen salzen sowie pfeffern.

Die Äpfel und Birnen schälen, vierteln, entkernen und in Würfel schneiden. Die Zwiebel in dünne Ringe schneiden und mit dem Obst mischen, mit Zimt, Pfeffer und Salz kräftiger würzen.

Die Fülle in die Gans geben und diese verschließen. Am einfachsten wird die Öffnung mit Zahnstochern zugesteckt und dann um diese kreuzweise ein Faden geschlungen, der am Ende verknotet wird. Jetzt wird die Gans dressiert, d.h., Flügel und Keulen werden eng an das Tier geheftet. Die so vorbereitete Gans mit Salz, frisch gemahlenem Pfeffer, gerebeltem Majoran und frisch in der Hand zerriebenem Thymian kräftig einreiben, mit der Brust nach unten auf einen Bratrost oder in einen Bräter legen und in den vorgeheizten Backofen (E: 200° C, G: Stufe 3) schieben.

Nach 15 Minuten zweifingerhoch kochendes Wasser zugießen und die Gans an den Seiten, Hüften, am Rücken und oberhalb der Flügel mit einer Nadel einstechen, damit sie Fett verliert.

Das Fett gießt man während der Bratzeit des öfteren über die Gans. Nach einer Stunde wird die Gans umgedreht und nach 2—2¼ Stunden der Ofen auf starke Oberhitze geschaltet.

Die Gans dann mit kaltem Honig-Wassergemisch überstreichen und noch ca. 5 Minuten bräunen lassen, so wird sie knusprig goldbraun.

Die Gans noch etwa 10 Minuten im ausgeschalteten Backofen ruhen lassen, damit sich die Fleischsäfte beruhigen und setzen können, herausnehmen und auf ein Tranchierbrett legen. Den Verschluß öffnen und die Füllung aus der Gans herausholen. Anrichten.

Nun die Gans tranchieren. Dazu zuerst die beiden Keulen abtrennen. Dann einen Schnitt entlang des Brustbeines machen und die beiden Brusthälften ablösen. Diese danach quer in Scheiben schneiden. Zuletzt die Flügel ablösen. Anrichten und mit der Füllung servieren.

Dazu reichen Sie als Beilage »Rothes Kraut« nach dem Rezept von Seite 75 und die »semladorttem« von Seite 80, mit der der Bratensaft aufgetunkt wird.

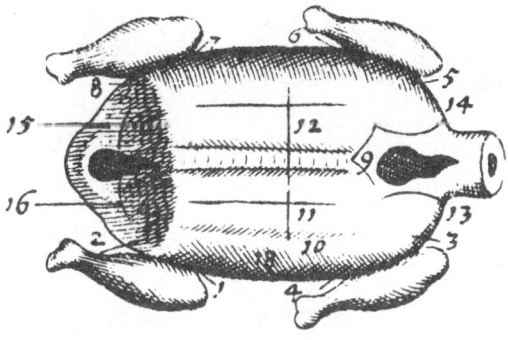

Von der Gans.

B Ringe dieselbe auff die Gabel/ schneide den steiß auf/ stelle das Messer in die lincke Hand zu der Gabel/ mit einem Löffel thue das Eingefüllete heraus auf einen absonderlichen Teller / ist aber Beyfuß darein/ so thue denselben mit der Gabel heraus und schneide

1. Den Oberschnit am rechten schenckel/
2. Den Gegenschnitt daselbst /
3 und 4. Den Ober= und Contra=schnitt am selben Flügel/
5. 6. Den lincken Flügel/
7. 8. Löse den lincken Schenckel mit einem Ober= und Gegenschnitt/
9. Das Ziehbeinlein/
10. 11. 12. Schneid das Brustfleisch auff der rechten und lincken seite ab / mit einem Creutz=schnitt/ und stoße es mit dem Messer von den Hüpuff.
13. 14. Hebe das rechte und lincke Achselbeinlein aus.
15. 16. Spalte den steiß auff der rechten und lincken seite/
17. 18. stoß die Rippen entzwey.
19. Zertheile den Rumpff in der Schüssel.

Bastettem von Hispania

Spanische Pastete — ein Rezept,
das schon die Griechen in der Antike als
»Katillos« kannten

Teig:	20 g Schmalz
500 g Mehl	1 Bund Schnittlauch
2 Eier	2 Zwiebeln
50 g Schmalz	100 g Champignons
2 EL Wasser	Salz
	Pfeffer
Füllung:	Thymian
250 g Hähnchen-	Basilikum
brustfilets	Kerbel
250 g Schweine-	Rosmarin
fleisch	100 g Speckscheiben
250 g Hammelfleisch	zum Auslegen
50 g Rindermark	1 Eigelb

Aus Mehl, Eiern, erwärmtem Schmalz und Wasser einen trockenen Teig bereiten und ca. 2 Stunden zugedeckt ruhen lassen.

Das Fleisch fein hacken und mit dem ebenfalls feingewiegten Mark, dem Schmalz, Schnittlauch, Zwiebeln und Champignons sowie dem Ei und den Gewürzen gut vermengen.

Eine ausgefettete Spring- oder Pastetenform mit Teig (einen Teil für den Deckel zurückbehalten) und Speckscheiben auslegen und die Füllung hineingeben. Die Teigränder anfeuchten, den Deckel auflegen und andrükken. Mit einer Nadel mehrmals einstechen, damit der Backdampf entweichen kann. Mit dem verquirlten Eigelb bestreichen und ca. 1½ Stunden im vorgeheizten Backofen (E: 200° C, G: Stufe 3) knusprig goldbraun bakken. Garprobe mit einem Holzspießchen machen. Bleibt es beim Herausziehen trokken, ist die Pastete fertig. Aus dem Ofen nehmen und über Nacht auskühlen lassen, aus der Form stürzen, in dicke Scheiben schneiden und servieren.

Zu dieser herzhaft-würzigen Pastete reichen Sie die »Salse von kronsbere« von Seite 64 oder auch Johannisbeer-Gelee, das es ja überall fertig zu kaufen gibt.

Allerlay speyß vonn Schwein, Ochssen, Kalb und Lamb

Fleischliche Genüsse
aus der mittelalterlichen
Küche

Selbst ein tellergroßes Steak, das uns heute als das Maximum dessen erscheint, was ein Mensch essen kann, wäre für unsere Vorfahren im Mittelalter gerade soviel gewesen, um einen hohlen Zahn zu stopfen. Und bei einer Tracht (Gang) mit Braten blieb es nicht. Wenn es irgendein Land auf dieser Erde gibt, wo die Menschen, was das Prassen angeht, noch in Unschuld leben, so ist Deutschland bestimmt nicht dieses Land.

Denn schon im Jahre 1549 mußte hier ein Bischof die verblüffte Gemeinde darauf aufmerksam machen, daß es nicht anstünde, Teile des heiligen Hochaltars als Buffet zur Kirchweihschmauserei zu entweihen.

Was dabei alles aufgetafelt wurde? Die nachfolgende Aufzählung mag einen Einblick geben:

48

Die erste »Tracht« brachte für jeden Gast eine Pastete von drei Rebhühnern. Danach wurden aufgetragen: Krammetsvögel gefüllt mit Weinbeeren; ein riesiger Hechtkopf samt gespicktem Hecht; Ochsenbraten mit Meerrettichsauce; Hühnerpastete und Kapaun.

Zur zweiten »Tracht« wurde ein Turm aufgetragen, aus dem Wein floß, in dem kleine Fische schwammen; gesottene Karpfen; Sauerkraut mit Leberwürsten; Rehpastete; Schweinsköpfe; heißer Speckpfannkuchen und kalter Salm sowie ein Hammel vom Spieß, aus dessen Hals Rotwein sprudelte.

Die dritte »Tracht« brachte: Pastete; Wild in Sauce; ein Haus aus feinem Gebäck;

Eine der ältesten Abbildungen einer Küche im Mittelalter — ein Inkunabel-Druck aus dem 15. Jahrhundert.

Alle Hände voll zu tun hatte der Koch im Mittelalter, wie dieser Holzschnitt zeigt.

Spanferkel; Eierkuchen; einen Adler aus Gebäck, gefüllt mit einem Geflügelgelee; Apfelkuchen und zum Schluß eine Fischsuppe.

Das alles verspeisten die Gäste zur Vermählung der Gräfin Elisabeth zu Helfenstein mit dem Grafen Georg von Rappoltstein im Jahre 1543.

Ein wahrhaft opulentes Mahl neben dem sich ein deutsches Sonntagsmenü von heute mit Suppe, Hauptgericht und Dessert wie das Mahl eines Zwerges ausnimmt.

Und wie köstlich, mit welcher Phantasie das Fleisch gebraten, gegrillt, geschmort und auch gekocht wurde. Denken wir nur an die knusprigen Braten vom Grill oder aus dem Backofen. Die Bratenstücke von Rind, Schwein, Kalb und Lamm. Wie Sie sie heute nach Art der alten Rittersleut' zubereiten können, erfahren Sie im folgenden Kapitel.

50

Gefilte brust von Kalb

Gefüllte Kalbsbrust –
für 6 Personen

1000 g Kalbsbrust (ohne Knochen)	frische Kräuter (Petersilie, Dill, Liebstöckel, Schnittlauch etc.)
Füllung:	2 EL Paniermehl
250 g Kalbfleisch (Schulter)	Salz
250 g Rindfleisch (Schulternaht, Falsches Filet)	Pfeffer
	Muskat, Safran
	50 g Bratfett
4 Eier	½ l gute Fleisch-
8 EL gehackte,	brühe
	1 EL Mehl

Lassen Sie sich gleich beim Einkauf vom Metzger in die Kalbsbrust eine tiefe Tasche einschneiden.

Das Rind- und Kalbfleisch durch den Fleischwolf (feine Lochung) drehen, die Eier, Kräuter und das Paniermehl dazugeben. Das Ganze gut vermengen. Salzen, pfeffern und mit Muskat und ein wenig Safran pikant abschmecken.

Die Farce in die Tasche der Kalbsbrust füllen und diese verschließen — mit dem Schnürschuh-Trick von Seite 46.

Das Fleisch leicht salzen und im heißen Fett kräftig anbraten. Langsam ¼ l Fleischbrühe zugießen, den Topf fest zudecken und das Fleisch ca. 2 Stunden schmoren lassen. Das Fleisch herausnehmen und bis zum Aufschneiden noch 10 Minuten im Backofen warm stellen.

Das Mehl im Schmorfond anbräunen, die restliche Fleischbrühe zugießen, etwa 5 Minuten kochen und die Sauce abschmecken. Den Verschluß vom Fleisch entfernen, das Fleisch in dicke Scheiben schneiden und mit der Sauce überzogen servieren.

Dazu passen stilgerecht »abtsknödl« von Seite 83 und »gemüs von arbaiß unnd rueben« von Seite 74.

Rindfleysch von rippen mit wildbrett von ayren

Pikante Hochrippe in der Kruste mit gebackenen Eierteigstäbchen

Braten:	1 Petersilienwurzel
1000 g Rinder-Hoch- rippe	¼ Sellerieknolle
Salz, Pfeffer	4 EL saure Sahne
Petersilie	
Dill, Liebstöckel, Thymian	**Kruste:**
2 EL Schmalz	100 g Butter
½ l Fleischbrühe	3 Eier
2 Möhren	4 EL Semmelbrösel
	2 EL geh. Petersilie
	1 EL Salz

Das Fleisch säubern, mit den Gewürzen und Kräutern kräftig einreiben und im heißen Fett im Bratentopf rundherum kräftig anbraten, die Fleischbrühe und die geputzten, kleingeschnittenen Gemüse zugeben. Das Fleisch ca. 1 Stunde unter Begießen schmoren. Inzwischen aus der Butter, den Eiern, Semmelbröseln, Petersilie und Salz eine Paste zubereiten.

Das Fleisch aus dem Topf nehmen, abtropfen lassen und mit der Paste gut einstreichen. Im vorgeheizten Backofen (E: 200° C, G: Stufe 3) ca. 15 Minuten überbacken.

Den Schmorfond währenddessen mit der sauren Sahne binden. Das Fleisch von den Knochen lösen und in dicke Scheiben schneiden. Mit der Sauce und »Wildbrett von ayren« von Seite 68 servieren.

Heidenische kuchen

Eine Pastete aus den heidnischen Ländern, was soviel heißt, wie aus Böhmen und dem Orient

Teig:	125 g durchwachse-
500 g Mehl	ner Speck
2–3 Eier	2–3 Äpfel
50 g Schmalz	Pfeffer
1–2 EL Wasser	Majoran
Salz	Thymian
	Liebstöckel
	2 Knoblauchzehen
Füllung:	3 Eier
750 g Rindfleisch	1 Eigelb
(Schulter o. ä.)	

Einen festen, trockenen Teig aus den angegebenen Zutaten bereiten und zugedeckt 2 Stunden ruhen lassen.

Inzwischen das Rindfleisch, den Speck und die Äpfel durch den Fleischwolf (mittlere Lochung) drehen, kräftig mit Kräutern und Gewürzen sowie dem zerdrückten Knoblauch abschmecken. Die Eier hinzufügen und untermischen.

Den Teig dünn ausrollen und die Füllung als Rolle auf den Teig legen. Die Kanten des Teiges anfeuchten und umschlagen. Die Nähte gut zusammendrücken und die Paste-te mit der Naht nach unten auf ein gefettetes Backblech legen. Mit dem Eigelb bestreichen und mit einer Nadel mehrmals einstechen, damit der Backdampf entweichen kann. In den vorgeheizten Backofen schieben (E: 200° C, G: Stufe 3) und ca. 1 Stunde goldbraun backen. Warm servieren und die »Würtzkreyter-salse« von Seite 62 dazureichen.

Kalf bastettem mit ribislbermuos

Kalbfleischpastete mit Johannisbeercreme-Sauce aus der mittelalterlichen Feinschmeckerküche

Teig:	100 g durchwachse-
500 g Mehl	ner Speck
3 Eier	100 g Champignons
50 g Schmalz	2 Knoblauchzehen
2–3 El Wasser	Salz
Salz	Pfeffer
Füllung:	1 Glas Weißwein
750 g Kalbfleisch	2 Eier
(Schulter o. ä.)	4 EL Schmalz

Einen festen Teig aus dem erwärmten Schmalz, Mehl, Eiern und evtl. etwas Was-

Kunstvoll angerichtete Pasteten waren beliebte Schaugerichte, mit denen die Hofköche ihre Kunstfertigkeit unter Beweis stellten.

ser kneten, salzen und gut 2 Stunden zugedeckt ruhen lassen.

Das Kalbfleisch, den Speck und die Champignons zweimal durch einen Fleischwolf (feine Lochung) drehen und mit den zerdrückten Knoblauchzehen, dem Salz, Pfeffer und Wein abschmecken. Die Eier und das Schmalz unterarbeiten.

Den Teig ausrollen und eine ausgefettete Pastetenform (Kastenform) damit auslegen. Einen Rest für den Deckel zurückhalten. Die Pastetenfüllung hineingeben. Die Teigränder anfeuchten und den Deckel auflegen, mehrmals einstechen. Im vorgeheizten Backofen (E: 200°C, G: Stufe 3) gut 1 Stunde backen. Garprobe mit einem Holzspießchen machen, bleibt es trocken, ist die Pastete gar. Herausnehmen, über Nacht auskühlen lassen, aus der Form stürzen und in Scheiben geschnitten anrichten.

Dazu gibt es »Ribislbermuos« von Seite 64.

Koch und Magd in einer mittelalterlichen Küche — aus der »Kuchenmaisterey« — mit windbetriebenem Bratspieß, dreifüßigen Töpfen auf offenem Feuer und Würsten im Rauch.

Ain fein bastetten vonn Ochssenzungen

Ochsenzungenpastete — aus dem Kochbuch der Philippine Welser, das um 1550 entstanden ist — für 6 Personen

Teig:	Ingwer, Zimt,
500 g Mehl	*Muskat*
3 Eier	*Salz, Pfeffer*
50 g Schmalz	
Salz	**Paste:**
etwas Wasser	*2 Eier*
75 g durchw. Speck	*1 Glas Rotwein*
in Scheiben	*3 EL Semmelbrösel*
	10 g Schmalz
Füllung:	*Fett für die Form*
1 gekochte	*1 Eigelb*
Ochsenzunge	*zum Bestreichen*
Nelkenpulver	

Einen festen Teig aus dem Mehl, erwärmtem Schmalz, den Eiern, Salz und evtl. etwas Wasser kneten und 2 Stunden zugedeckt ruhen lassen.

Inzwischen die gekochte und abgezogene Ochsenzunge in Scheiben schneiden.

Die ausgefettete Pastetenform mit dem dünn ausgerollten Teig auslegen, ein Drittel für den Deckel zurückhalten. Dann die Speckscheiben einlegen und die in Scheiben geschnittene Ochsenzunge daraufschichten. Jede Schicht mit dem Gewürzgemisch aus zerstoßenen Nelken, wenig Ingwer, Zimt, reichlich Muskat, Salz und Pfeffer bestreuen. Die ausgelegte Form mit der Paste aus Eiern, Rotwein, Semmelbröseln und erwärmtem Schmalz übergießen. die Teigkanten anfeuchten, den Deckel auflegen und andrükken. Mit einer Nadel einstechen, damit der Backdampf gut entweichen kann. Mit dem Eigelb bestreichen.

In den vorgeheizten Backofen (E: 200°C, G: Stufe 3) schieben und ca. 45 Minuten goldbraun backen. Garprobe mit einem Holzspießchen machen, bleibt es beim Herausziehen trocken, ist die Pastete gar. Aus der Form stürzen, in dicke Scheiben schneiden und servieren.

Lambpraten vonn spiess

Lammrücken vom Spieß — aus dem Kochbuch des päpstlichen Leibkochs Bartolomeo Scappi, der mit diesem Gericht seinen Herrn, Papst Pius V., bezauberte — für 4—6 Personen

Braten:	2 Birnen
1500 g entbeinter	2 Zwiebeln
Lammrücken	3 Eier
Kerbel, Liebstöckel	75 g geriebener
Majoran	Parmesan
Salz, Pfeffer	Pfeffer
	Salz
Fülle:	1 TL Thymian
150 g fetter Speck	1 EL gehackte Peter-
150 g milder roher	silie
Schinken	200 g frischer,
150 g Lamm- oder	fetter Speck in
Kalbsleber	dünnen Scheiben
150 g Kalbsherz	Orangensaft
2 Äpfel	

Den entbeinten Lammrücken säubern, waschen, abtrocknen und mit den Gewürzen einreiben.

Speck, Schinken, Leber, Herz, Äpfel, Birnen und Zwiebeln kleinschneiden und durch den Fleischwolf drehen, würzen und die Eier mit dem Parmesan unterziehen.

Diese Masse nun auf den Rücken füllen, die Fleischlappen darüberklappen und verschließen. Am einfachsten stecken Sie alle 5 cm eine Rouladennadel ein und ziehen einen Zwirn kreuzweise von vorn bis hinten, wo Sie ihn verknoten. Den Braten mit den Speckscheiben umwickeln, auf den Bratspieß stecken oder in einen Brattopf legen.

Im Backofen (E: 200°C, G: Stufe 3) oder im Grill gut 1¼—1½ Stunden braten, dabei des öfteren mit dem Bratenfond und dem Orangensaft übergießen.

Den Speck abnehmen, den Verschluß lösen, den Rücken in dicke Scheiben schneiden und mit dem Fond übergossen servieren.

Dazu reichen Sie »gebachene zwiffl« von Seite 74 und »semladorttem« von Seite 80.

Hammlpratem mit krustem

Krustenbraten vom Hammel — eine Spezialität der höfischen Küche zur sagenumwobenen Hochzeit des Grafen Georg von Rappoltstein mit Gräfin Elisabeth von Helfenstein im Jahr 1543

ca. 1500 g Lamm-	Majoran
rücken	Kerbel
3 Knoblauchzehen	Minze
50 g Schmalz	
Pfeffer	Salz
Liebstöckel	1 Tasse Wasser

Den Lammrücken säubern, die »Lederhaut« entfernen und mit den halbierten Knoblauchzehen spicken. Mit der Mischung aus erwärmtem Schmalz und Kräutern kräftig einreiben. Auf den Bratspieß stecken oder in die Bratenpfanne legen, unter den vorgeheizten Grill hängen oder in den vorgeheizten Backofen (E: 220°C, G: Stufe 4) schieben und ca. 45 Minuten braten, dabei des öfteren mit der Kräuterpaste oder dem Bratfond einreiben.

Dann das Fleisch aus der Kasserolle nehmen und auf den Bratrost legen. Die Salzwasserlösung mit soviel Salz bereiten, bis das Wasser gesättigt ist, das Fleisch damit einpinseln und bei guter Oberhitze weiterbraten.

Fleisch mehrmals drehen und immer wieder einpinseln. Nach ca. 10 Minuten ist die Kruste knusprig und der Braten kann serviert werden.

Am Spieß pinseln Sie den sich drehenden Braten laufend mit der kalten Salzwasserlösung ein. Nach ca. 10 Minuten ist er ebenfalls fertig.

Den Braten vor dem Anschneiden noch 10 Minuten ruhen lassen, damit sich die Fleischsäfte setzen können. Das Fleisch von den Knochen lösen, in Scheiben schneiden und anrichten.

Zum Braten reichen Sie stilgerecht »pälgt Arbaiß in kreyter« von Seite 74.

Haml von spis

Hammelkeule vom Spieß — schmeckt am besten vom Holzkohlenrost — für 4—6 Personen

1 Lammkeule (ca. 1500 g)	2 EL mittelscharfer Senf
5 Knoblauchzehen	Thymian, Majoran
4 EL Schmalz	Salz, Pfeffer

Die Hammelkeule säubern, die »Lederhaut« entfernen, das Fleisch mit den halbierten Knoblauchzehen spicken und gut 1 Stunde ruhen lassen.

Inzwischen aus dem cremig erwärmten Schmalz und dem Senf eine Paste anrühren und die Keule damit bestreichen. Die Keule auf den Grill legen und jede Minute wenden, mit der Senfpaste bestreichen und mit Thymian sowie Majoran bestreuen.

Nach ca. 45 Minuten ist die Keule medium gegart, aber noch nicht durchgebraten. Das Fleisch in Scheiben schneiden, mit Salz und frisch gemahlenem Pfeffer würzen und servieren.

Wenn Sie den »Haml von spis« im Backofen machen wollen, so legen Sie die Keule auf den Bratrost im vorgeheizten Ofen (E: 225° C, G: Stufe 4) und verfahren dann wie beim Grill.

Spanferkelin pratem met fil guot semladorttem

Gebratene Spanferkelkeule mit knuspriger Semmeltorte — für 4—6 Personen

1 Spanferkelkeule (ca. 1000 g)	3—4 Knoblauch- zehen
Salz	1 Tasse Wasser
Pfeffer	evtl. etwas Schmalz

Die Keule säubern, abtrocknen, pfeffern, salzen, mit den halbierten Knoblauchzehen spicken und 4—6 Stunden stehen lassen. Dann an den Spieß stecken oder auf den Bratrost in den Backofen legen. Den Spieß in den vorgeheizten Grill hängen oder den Rost in den vorgeheizten Backofen (E: 200° C, G: Stufe 3) schieben. Die Keule ca. 60 Minuten braten, bis sie gut medium (gar, aber noch nicht ganz durchgebraten) ist. Nun mit der Salzwasserlösung — soviel Salz in das Wasser geben, bis es gesättigt ist — laufend einpinseln und noch 5 Minuten braten lassen.

Soll die Keule knuspriger sein, wird die Bratzeit um 10 Minuten verlängert. Soll die Keule saftiger sein, muß sie öfter mit Schmalz eingerieben werden.

Dazu gibt's verschiedene Sorten Senf — zum Beispiel den »Senaf mit würtzkreyter« von Seite 63 und »semladorttem« von Seite 80. Und als Getränk ein kühles Bier.

Tafelszene mit Studenten und Professoren — entstanden um 1450 in Florenz. Ein Werk des berühmten Holzschneiders Antonio de Filarete.

Gebaffenes mit würft unnd faiften

Eine königliche Schlachtplatte. Heute kommt dieses köstliche Gericht leider nur noch in reichlich heruntergekommener Form auf Speisekarten vor — für 4–6 Personen

1000 g Sauerkraut	250 g durchwachsener Speck
50 g Schmalz	¼ l Weißwein
3 Zwiebeln	2 säuerliche Äpfel
15 Wacholderbeeren	1 Zwiebel mit 5 Nelken gespickt
3 Knoblauchzehen	1 Eisbein
3 Lorbeerblätter	4 Blutwürste
Kümmel	4 Grützwürste
Salz, Pfeffer	4 Leberwürste
Zucker	

Im Schmalz werden die in Würfel geschnittenen Zwiebeln glasig gebraten. Die übrigen Gewürze etwas anschmoren und die Hälfte des Sauerkrauts daraufgeben. Mit Salz, Pfeffer und einer Prise Zucker würzen, den in Scheiben geschnittenen Schinkenspeck darauflegen, das restliche Sauerkraut darüberschichten. Den Wein angießen.

Die geschälten und entkernten Äpfel klein würfeln und mit der gespickten Zwiebel dazutun. Frisches Sauerkraut eine Stunde sanft schmoren lassen und dann erst das Eisbein zugeben. Bei Dosenkraut wird das Fleisch gleich dazugegeben. Wenn das Fleisch untergemischt ist, das Kraut 2 Stunden auf milder Hitze weiterschmoren lassen. Die Würste in der letzten Viertelstunde zugeben und warm werden lassen.

Beim Anrichten wird das ausgelöste Eisbeinfleisch und die Wurst auf dem kochendheißen Kraut dekoriert. Nicht stilecht, aber eine delikate Ergänzung zu diesem Gericht sind Kassler Rippchen.

Höfisches Festbankett im Jahre 1491 — am Tisch des Königs steht der »Fürschneider«, der die Speisen kunstvoll zurichtete. Der Koch trägt — begleitet von Flötenspiel — auf.

Auch in Bürgerhäusern wurde ausgiebig getafelt, wie es diese Abbildung aus »Ein new Kochbuch« aus dem Jahre 1581 zeigt.

Pratem von swine mit gebassenes

Räucherbraten mit Kraut — ein Rezept für den Holzkohlengrill

1000 g mildes Pökel-fleisch (Schweine-kamm)	körner Kümmel Rosmarin
2 Knoblauchzehen	Tannenreisig zum
je 6 Wacholderbee-ren und Pfeffer-	Räuchern Holzkohle

Das Fleisch mit den geviertelten Knoblauchzehen spicken und mit den im Mörser zerstoßenen Wacholderbeeren, Pfefferkörnern, Kümmel und Rosmarin kräftig einreiben.

Das zerkleinerte Tannenreisig im Grill entzünden, den Braten auf den Spieß stecken und gut eine Stunde über dem Reisigfeuer leicht räuchern. Nach ca. 30 Minuten die Holzkohle aufschütten und den Braten bei voller Hitze noch gut 30 Minuten braten lassen.

Dazu servieren Sie »gebassenes« oder Sauerkraut und »steynbrodt« von Seite 86.

Spiespratem von kalb

Kalbsspieße mit rassiger Senfsauce

1 Kalbsnuß (ca. 1000 g)	10 große Champignons
1 Bund Petersilie	Salz
1 Bund Schnittlauch	Pfeffer
10 Schalotten	Öl zum Einstreichen

Die mürbe Kalbsnuß wird gehäutet und quer zur Faser in 12–16 Scheiben geschnitten, mit der Hand leicht anklopfen und in eine gefettete Auflaufform legen. Darüber kommen feingehackt die Petersilie, der Schnittlauch, die Schalotten und Champignons, mit Salz, frisch gemahlenem Pfeffer und Öl vermischt. Zugedeckt 2 Std. stehenlassen.

Dann werden die Kalbfleischscheiben zusammengeklappt und auf Spieße gesteckt. Über dem Holzkohlengrill oder im Backofengrill garen, mit der »Senef-salse vonne Dijon« (siehe Seite 62) übergießen und servieren.

Wie aus der Originalkochanleitung hervorgeht, wurden nach diesem Rezept Schweinefilets oder Lamm-Chops zubereitet.

Wie man eyn guot salsen berayt

Spezialitäten aus der Saucen-Küche

Nim, sol die salse guot smachaftig sin,
peterlin, salveie, salz, pheffer,
knobelouch unt win.
Misch al samen mit liebunge unt
verstandenheit
also werd di salse guot,
gesunder unt würzic.

Dieses Rezept zur Herstellung von Saucen sollte man auch heute noch in das Stammbuch vieler Köchinnen und Köche schreiben. In das Stammbuch jener Köche, bei denen die Kunst der Saucenbereitung mit der dunklen Mehlschwitze stehengeblieben ist. Denn die Sauce ist die Krönung des Essens. Nicht ohne Grund haben schon römische Kaiser die Erfinder von Saucen mit Geschenken überhäuft und ein guter Saucenkoch ist auch heute noch ein gesuchter Meister in den Feinschmeckerküchen.

Ob die Sauce schmeckt? Damals wie heute probiert der Koch seine Meisterwerke.

Wenn man gegessen hat, soll man sich zwei Stunden vor großer Bewegung des Leibes und Gemütes hüten — dies empfiehlt Platina in seinem Kochbuch aus dem Jahre 1542.

Die Entwicklung der Saucen ist so fest mit der Entwicklung der Kochkunst verbunden wie nichts anderes. Ihre Grundrezepte — mit Ausnahme von Mayonnaise, Hollandaise und Bearnaise — finden wir tatsächlich schon in den mittelalterlichen Kochbüchern und zum Teil sogar noch Jahrhunderte früher. Ihr hohes Ansehen kommt auch im folgenden Sprichwort zum Ausdruck:

**Wie fad schmeckt jedes Gericht,
dem es an rechter Sauce gebricht.**

*Wie wahr. Denn was ist der schönste, knusprigbraune Braten ohne eine alle Geschmacksvariationen aufschließende Sauce? Eben nur ein schöner, knusprigbrauner Braten.
Das folgende Kapitel möchte, daß Sie mit mir zusammen Saucen entdecken, die mit Fug und Recht von sich behaupten können: Wir sind Saucen. Saucen im wahren Sinn unseres Namens. Nämlich »salsen« — also würzige, witzige (was hier soviel heißen mag wie: mit Pfiff) Zugaben zum Braten.*

Salse von Hispanien

Spanische Sauce — eine braune Grundsauce, deren Erfinder ein spanischer Koch des Mittelalters gewesen sein soll

500 g Kalbsknochen	¼ Petersilienwurzel
60 g Kalbsfett (vom Schlachter)	60 g Mehl
	3 EL kaltes Wasser
2 mittlere Zwiebeln	2 l Fleischbrühe
1 kleine Mohrrübe	Pfeffer
⅛ Sellerieknolle	Salz

Die Kalbsknochen beim Einkauf schon fein hacken lassen und im Kalbsfett kräftig braun rösten. Die feingewürfelten Gemüse dazugeben und gleichfalls braun rösten.
Das Mehl darüberstäuben und unter Rühren schön braun werden lassen. Mit dem Wasser ablöschen und nach und nach die Fleischbrühe zugießen.
Die Sauce ca. 2 Stunden unter öfterem Umrühren und Abschäumen kochen, bis sie eindickt. Durch ein Sieb passieren, mit Pfeffer und Salz würzen und ggf. noch weiter einkochen. Das Rezept ergibt ca. 1 l Sauce.

Diese braune Grundsauce ist die ideale Grundlage für alle Bratensaucen zu dunklem Fleisch wie Rind, Hammel und Wild.

Ein salse würgetragen mite wild vögelin

Eine Sauce zu Wildgeflügel, wie sie der Küchenmeister Taillevent schon 1350 zubereitete

2 Zwiebeln	½ TL Herbes de Provence
2 Weißbrotscheiben	
75 g durchwachsener Speck	50 g Zucker
	1 Prise Zimt
¼ l Rotwein	Pfeffer, Salz

Die Zwiebeln und das Brot klein würfeln. Den Speck in kleine Würfel schneiden, goldgelb auslassen und die dazugegebenen Zwiebeln leicht, die Brotwürfel goldbraun bräunen.
Nun die Brotwürfel im Rotwein einweichen und mit Zwiebeln und Speck durch ein Sieb treiben.
Die Kräuter, Zucker und Zimt zugeben und mit einem Schneebesen gut durchschlagen. Die Sauce einmal aufwallen lassen, würzen und zu Rebhuhn, Fasan und anderem Wildgeflügel servieren.

Salse von Kuchemaister Robert

Sauce Robert — in fast unveränderter Form ist uns diese Sauce, die der Leibkoch Franz I. von Frankreich erfunden haben soll, erhalten und wird besonders gern zu Schweinefleisch gereicht

3 Zwiebeln	2 EL Essig
100 g Butter	1 Prise Zucker
½ l Fleischbrühe oder Bratenfond	1 TL gehackter Estragon
Pfeffer	1–1½ EL mittelscharfer Senf
Salz	

Die feingehackten Zwiebeln in der Butter anziehen lassen, bis sie glasig sind. Die Fleischbrühe zugeben und auf etwa das halbe Volumen einkochen lassen.
Dann Salz, Pfeffer, Essig, Zucker, Estragon sowie Senf zugeben und bei milder Hitze mit einem Schneebesen gut verschlagen. In einer vorgewärmten Sauciere oder über das Fleisch gegossen servieren.

Wingertener salse

Winzer-Sauce — sie scheint besonders von Winzern und Weinhändlern bevorzugt worden zu sein. Oder hat sie ihren Namen durch den Anteil an Weißwein?

6 Schalotten	Petersilie
¼ l Weißwein	Pfeffer, Salz
100 g Butter	Salbei
2 EL gehackte	1 Prise Zucker

Die feingewiegten Schalotten im Weißwein kochen, bis die Flüssigkeit auf das halbe Volumen eingekocht ist. Die Butter und gehackte Petersilie darangeben, einmal aufkochen, mit den Gewürzen pikant abschmecken, vom Feuer nehmen und mit dem Schneebesen gut verschlagen. In einer vorgewärmten Sauciere auftragen.

Diese Sauce reichen Sie zu hellem Fleisch von Schwein und Kalb oder auch zu Geflügel. Wenn Sie sie zu dunklem Fleisch reichen möchten, dann nehmen Sie anstelle des Weißweines einen kräftigen Rotwein — einen Burgunder oder Rioja-Wein.

Knobelouch-salse von franzisch arten

Eine Knoblauchsauce, deren Erfinder der Meisterkoch Taillevent sein dürfte

15 Knoblauchzehen	Basilikum
10 Schalotten	Salz, Pfeffer
¾ l milder Weiß-	¼ l Weißwein
weinessig	1 Hühnerleber
Bohnenkraut	200 g frischer Speck
Estragon	1 Eigelb

Die Knoblauchzehen und die Schalotten häuten und fein hacken. Die Kräuter ebenfalls fein hacken. Den Weinessig mit den Kräutern, Knoblauchzehen und Schalotten ca. 3 Stunden zugedeckt auf milder Hitze einkochen lassen, bis die Flüssigkeit fast völlig verdunstet ist.

Den Wein angießen und alles durch ein feines Sieb treiben. In diese Sauce den feingeriebenen Speck und die zerstampfe Leber einrühren und nochmals ca. 30 Minuten kochen. Die Sauce mit dem verquirlten Eigelb binden, abschmecken und anrichten.

Man reicht sie zu Lamm-, Hammel-, Rind- oder Gamsbraten. Aber auch zu Meeresfisch schmeckt sie ausgezeichnet.

Diese Knoblauchsauce können wir als Vorläuferin der in Südfrankreich heute sehr beliebten »Aioli« ansehen.

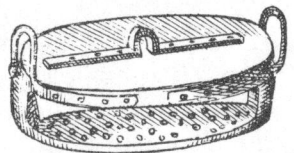

Salse von zwiffl

Zwiebelsauce — die in Wirklichkeit gar keine Sauce sondern ein cremiges Püree ist. Aber sie paßt gut zu Rinderbraten, Schweinekotelettbraten (Lummerbraten) und zu Bratwürsten

500 g Zwiebeln	Salz, Pfeffer
100 g Butter	Bratenfond
40 g Mehl	1 EL Schweine-
¼ l Wasser	schmalz
1 EL Weinessig	Wasser

Die Zwiebeln schälen und in kleine Würfel schneiden. Die Butter zerlassen, das Mehl darüberstäuben und goldgelb unter Rühren anschwitzen. Das Wasser mit einem Schneebesen unterrühren.

Die Zwiebeln zugeben, mit Essig, frischgemahlenem Pfeffer und Salz würzen. Etwa 30 Minuten zugedeckt kochen lassen, bis die Zwiebelwürfel weich geworden sind.

Die Sauce durch ein Sieb passieren (oder im Mixer glatt pürieren), zurück in den Topf geben, den Bratenfond und das Schmalz zufügen und verkochen. Die fertige Sauce nochmals abschmecken.

Daz ist eyn salse vüre Fleysch

Würzsauce zu Fleisch — eindrucksvoll einfach in der Zubereitung und überraschend ausgeprägt im Geschmack, so könnte man die Sauce charakterisieren

50 g Butter	Salz
1 Zwiebel	Pfeffer
1 EL Mehl	1 Prise Muskat
4 cl Apfelbrannt	1 Prise Zimt
4 cl Wasser	¼ l süße Sahne

Einen Eßlöffel Butter in einer Saucenpfanne schmelzen lassen, die feingehackte Zwiebel darin glasig dünsten, das Mehl darüberstäuben und unter Rühren anbräunen.
Mit dem Apfelbrannt-Wasser-Gemisch löschen, die restliche Butter einrühren und verkochen lassen.
Mit Salz, Pfeffer, einer Prise Muskat und Zimtpulver gut würzen. Die Sahne dazugießen, aufkochen und die Sauce langsam unter Rühren binden.

Senef-salse vonne Dijon

Eine würzige Senfsauce — mit Senf aus der damaligen Senfmetropole Dijon

50 g Butter	1 EL Weinessig
40 g Mehl	2 EL Kräutersenf
½ l Fischbrühe	2 EL Sahne
1 EL Butter	

Aus Mehl und Butter eine ganz helle Mehlschwitze bereiten, der man unter ständigem Schlagen mit einem Schneebesen die Fischbrühe zugießt, bis die Sauce cremig ist.
Butter, Weinessig, Senf und Sahne vermengen und zur Sauce geben. Mit dem Schneebesen kräftig durchschlagen, kurz aufkochen und ca. 10 Minuten kochen lassen. In einer vorgewärmten Sauciere servieren.

Diese pikant-würzige Senfsauce reicht man vorzugsweise zu Fischgerichten. Sie paßt aber zum Beispiel auch zu Schweinebraten. Je nach verwendeter Senfsorte können Sie den Geschmack der Sauce noch variieren — schärfer mit extrascharfem Senf oder kräuterwürzig mit einem milderen Kräutersenf.

Würtzig salse von kren

Würzige Meerrettichsauce — aus der Klosterküche zu Tegernsee

3 EL Butter	oder 1 Glas (100 g)
2 EL Mehl	geriebener Meer-
1 EL scharfer Senf	rettich
2 EL milder Kräuter-	Salz
senf	1 Prise Zucker
1 Stange Meerret-	¼ l Milch
tich (ca. 150 g)	

Aus dem Mehl mit der zerlassenen Butter eine helle Mehlschwitze bereiten. Den Senf mit einem Schneebesen unterrühren und den geriebenen Meerrettich zugeben. Mit der Milch aufgießen, einmal aufkochen und ca. 10 Minuten kochen lassen. Die Sauce mit Salz und Zucker abschmecken.

Diese pikante Sauce reicht man vorzugsweise zu Fischgerichten und kalt auch zu Pasteten. Sie paßt aber auch ganz vorzüglich zu gekochtem Rind- und Schweinefleisch sowie zu Braten vom Grill.

Würtzkreyter-salse

Kräutersauce — das Meisterrezept eines mittelalterlichen Saucenkochs

¼ l trockener	2 Knoblauchzehen
Weißwein	¼ l »Salse
4 EL gehackte	von Hispanien«
Kräuter	(Seite 60)
(Kerbel, Estragon,	je 1 TL gehackter
Basilikum,	Schnittlauch,
Schnittlauch)	Estragon, Kerbel

Die Kräuter und den zerdrückten Knoblauch mit dem Weißwein übergießen und 24 Stunden marinieren lassen, dann werden sie zur kräftig eingekochten »Salse von Hispanien« gegeben und untergerührt.

Nun wird die Sauce nicht mehr aufgekocht, damit der Geschmack der Kräuter nicht zerstört wird.

Kurz vor dem Servieren die weiteren feingewiegten, frischen Kräuter unterziehen und die Sauce anrichten.

Senaf mit würtzkreyter

Kräutersenf — wie ihn die Senfmacher von Dijon hergestellt haben

1 l Weinessig	1 Kräuterbündel
15 g gemahlener Zimt	(Estragon, Thymian, Majoran, Lorbeer)
4 g Nelken	250 g Zucker
8 g Piment	500 g schwarzes
3 Zwiebeln	Senfmehl (aus
3 Knoblauchzehen	dem Reformhaus)

Im Weinessig werden Zimt, gestoßene Nelken, Piment, in Scheiben geschnittene Zwiebeln, zerquetsche Knoblauchzehen und das feingewiegte Kräuterbündel mit dem Zucker zusammen unter Rühren mehrmals aufgekocht, zugedeckt und mindestens 6 Stunden zum Marinieren beiseite gestellt.

Dann wird diese Würzbrühe durch ein Sieb passiert und das Senfmehl untergerührt. Unter Umrühren wird der Senf noch einmal ca. 10 Minuten gekocht und abgekühlt in Steingut- oder Glastöpfe abgefüllt.

Das vorstehende Rezept kann sicher nicht als Sauce bezeichnet werden, aber es muß unbedingt hier aufgeführt sein, da Senf nicht nur die Grundlage oder Bestandteil vieler Saucen war sondern auch geradezu in immensen Mengen zu Fleisch verzehrt wurde. Seine besondere Beliebtheit verdankt der Senf nicht zuletzt der Weisheit: »Senaff sterkt die dauwung und zerteylet die groben speyß im magen« — Senf fördert die Verdauung und hilft, die Speisen im Magen zu verteilen. Diese Erkenntnis ist heute übrigens wissenschaftlich nachgewiesen.

Eine gründliche Beschreibung wie man richtig und gut allerlei Speisen zurichten soll — so überschrieb Marx Rumpoldt sein Kochbuch im Jahre 1581, aus dem diese Abbildung stammt.

Eichsel Salsen/wenn sie dick gesotten / so zerleßt man sie mit Wein vnd Zucker/ besträwt es mit Oriet/so ist es gut vñ wol geschmack.

Alt und neu — oben das Original-Rezept von Marx Rumpoldt und unten das Rezept für unsere heutigen Gaumen abgeändert.

Weikselenmuos

Weichselkirschmus — eine fruchtige Begleitung zu Pasteten

200 g Weichsel-kirschen (aus dem Glas)	¼ l Kirschsaft
	1 TL Speisestärke
	Salz
20 g Butter	Pfeffer
1 EL milder Senf	Zimt

Die Kirschen abtropfen lassen, dabei den Saft auffangen, und dann entsteinen. Die Butter in einer Pfanne erhitzen, die entkernten Kirschen darin warm werden lassen und 5 Minuten dünsten. Durch ein Sieb passieren, Senf und Kirschsaft zugeben und alles unter Rühren kurz aufkochen. Mit der in etwas Wasser angerührten Speisestärke binden und das Mus mit einer kleinen Prise Salz, kräftig Pfeffer und einem Hauch Zimt abschmecken. Warm oder kalt zur Pastete servieren.

Ribislbermuos

Johannisbeersauce — wird vorzugsweise zu Pasteten gereicht

250 g rote Johannis-beeren	¼ l Wasser
	2 EL Honig
125 g schwarze Johannisbeeren	Ingwerpulver
	⅛ l saure Sahne
6 schwarze Pfeffer-körner	2 EL Johannisbeer-gelee
¼ l Weißwein	

Die Johannisbeeren putzen, von den Stielen zupfen und in Wein mit dem Wasser sowie den Pfefferkörnern ca. 10 Minuten kochen und bis auf eine Handvoll alle Beeren durch ein Sieb passieren.

Dieses Püree auf sanftes Feuer stellen, mit Honig und Ingwerpulver abschmecken, mit der Sahne und dem Gelee binden und die unpassierten Johannisbeeren unterziehen.

Diese Fruchtsauce kann sowohl warm als auch kalt serviert werden — als Begleitung zu Pasteten oder auch zu Grillbraten. Sie können diese Sauce — zwar nicht stilecht — auch noch mit einem Hauch Cayennepfeffer würzen, denn die pikante Schärfe dieses Pfeffers gibt der Sauce einen ganz besonderen Pfiff.

Salse von kronsbere

Preiselbeersauce — sie wurde gern zu Wild und Geflügel gereicht

1 Glas (250 g) Preiselbeeren	2 Pimentkörner
	1 Gewürznelke
⅛ l Weißwein	1 EL Honig
6 Pfefferkörner	1 TL Speisestärke

Die Preiselbeeren mit dem Weißwein, den Gewürzen und dem Honig unter Rühren aufkochen und 5 Minuten kochen lassen. Dann durch ein Sieb treiben, zurück in den Topf geben und in die Sauce mit der in etwas Wasser angerührten Speisestärke binden. Nochmals kurz aufkochen und heiß servieren. Diese Sauce können Sie — nach Geschmack — auch noch mit 1—2 EL Sahne oder Crème fraîche verfeinern, insbesondere wenn sie zu Wildgeflügel wie Fasan oder Rebhuhn gereicht werden soll.

Blick in eine Hofküche: Im Vordergrund links der große Mörser, daneben die Anrichte und rechts der Hackstock, dahinter die Arbeitstische, das Wasserbecken sowie Herde und im Hintergrund das Feuer mit Bratspieß und Hängetöpfen — eine Abbildung aus »Opera — Die Küche von Papst Pius V.« von Bartolomeo Scappi aus dem Jahr 1560.

Vonn ayrspeiß so man zuberaitenn kan

Köstliche Eier-Gerichte aus mittelalterlichen Kochbüchern

Mit dem Ei fängt die Kochkunst an, so behaupten Meisterköche unserer Tage. Und mit dem »Ayrenkuchen mite Würtzkrute«, den Sie auf Seite 70 finden, hat der Koch des Mittelalters alle Weihen empfangen, die ihm zuteil werden konnten. Denn was dem Dichter das Wort, dem Maler die Farbe, das ist dem Koch das Ei. Eines der ältesten Nahrungsmittel und zugleich eine der größten Prüfungen für die Künste eines Kochs. So war das Ei schon im alten Ägypten der Pharaonen eine wohlgepriesene Speise. Straußen- und Kranicheier standen in allerhöchster Gunst, denn unser Huhn war noch unbekannt und somit auch seine Eier. Damit ist die uralte Frage beantwortet. Wer war eher da — das Huhn oder das Ei? Das Ei war vor dem Huhn da!
Aber nicht nur in der Küche wurden dem Ei Loblieder gesungen, auch die Medizin kannte Hunderte von Heilrezepten, in denen Eier eine wichtige Rolle spielten.

66

Der Markt, die Einkaufsstätte im Mittelalter, hier eine Abbildung aus die »Teutsche Speißkammer« von Hieronymus Bock.

Und wenn wir heute unsere neuen Erkenntnisse über Mineralstoffe, Vitamine und Proteine bestaunen, müssen wir den Heilkundigen und Ärzten des Mittelalters unsere Hochachtung ebenfalls zollen. Denn sie haben Erkenntnisse gehabt, die wir erst Jahrhunderte später hochwissenschaftlich bewiesen haben. Mit Eierspeisen eröffnete man im Mittelalter die Speisefolge. Und diese Sitte ist bis heute besonders in Mittelmeerländern beliebt.

Und auch als Beilage zu Fleisch, Fisch und Wildbret reichte man Eier. Feinschmecker halten dies auch heute noch für richtig. Viele Rezepte, die Sie in diesem Kapitel finden werden, zeigen Ihnen, daß das Ei zu mehr nutze ist, als zu Rührei und zu Spiegeleiern. Sie werden mir dann recht geben, wenn ich behaupte: Mit dem Ei in der Pfanne fängt die Kochkunst an und mit dem Eierpfannkuchen die Kunst des Backens.

Ain hoflich ezzen vonn ayren

Mit würzigem Wild gefüllte Eierteigtaschen – nach einem Rezept der »Kuchenmaistrey«, dem Standardkochbuch des Mittelalters

Teig:	Wildfleisch
400–500 g Mehl	125 g durchwachse-
4–5 Eier	ner Schinkenspeck
Majoran, Thymian	2–3 Eier
Salbei, Rosmarin	Salz
1 TL Salz	Pfeffer
	Wildgewürz
Füllung:	1 Eiweiß
500 g gebratenes	150 g Schmalz zum
oder gekochtes	Ausbacken

Da das Mehl nicht immer gleich quillt und die Eier unterschiedlich groß sind, nehmen Sie ¾ der Mehlmenge und die Eier und kneten daraus einen elastischen Teig. Das restliche Mehl geben Sie nach und nach nur bei Bedarf zu. Den Teig immer wieder mit den Handballen breit drücken, zusammenschlagen und wieder breit drücken. Salz und gewiegte Kräuter zugeben und gut unterkneten. Den elastischen Teig zu einer Rolle formen, die nicht mehr kleben darf und unter einem angefeuchteten Tuch ca. 2 Stunden ruhen lassen.

Das Wildfleisch und den Schinkenspeck durch einen Fleischwolf (mittlere Lochung) treiben, mit den Eiern vermengen und gut würzen.

Den Teig halbieren, auf einer bemehlten Arbeitsplatte zwei dünne Blätter ausrollen und mit einem runden Ausstecher (ca. 10 cm Durchmesser) oder einer Tasse Platten ausstechen.

Auf die Hälfte der Teigblätter wird nun mit einem Eßlöffel die Füllung gleichmäßig verteilt. Die Ränder mit dem Eiweiß einstreichen, die übrigen Teigblätter als Deckel auflegen und fest andrücken. Das Mehl abklopfen und die Eierteigtaschen in der Pfanne bei mittlere Hitze im Schmalz goldgelb ausbacken.

Wildbrett von ayren

Eierteigstäbchen – eine besonders beliebte Beilage

2 Eier	Safran
¼ l Milch	Salzwasser
500 g Mehl	Fett zum Ausbacken
Salz	2 hartgekochte Eier
Kümmel, Majoran	Pfeffer, Salz
Kerbel	gehackte Petersilie

Die Eier mit der Milch und dem Mehl zu einem festen Teig verkneten, salzen und mit den Gewürzen abschmecken. Mit Safran gelb färben.

Den Teig zu einer Rolle formen, in ein Leinentuch einbinden und in dem kochenden Salzwasser gut 1 Stunde garziehen lassen.

Aus dem Wasser nehmen, auskühlen lassen und mit einem immer wieder in heißes Wasser getauchten Messer in kleinfingerdicke Streifen schneiden. Im heißen Ausbackfett schwimmend knusprig backen, herausnehmen, entfetten und mit den kleingehackten Eiern, grobgemahlenem Pfeffer, Salz und reichlich gehackter Petersilie überstreuen.

Ain fein gerixt von ayren

Feine Eierspeise – als Vorspeise für 4 Personen

125 g Geflügelleber	8 Eier
100 g Champignons	2–3 EL Portwein
1–2 schwarze	Salz
Trüffeln	Pfeffer
Gänseschmalz	1 Bund Petersilie

Die geputzte und feingeschnetzelte Leber, die geputzten, halbierten Champignons und die in feine Streifen geschnittenen Trüffeln in heißem Gänseschmalz bei milder Hitze etwa 3 Minuten schmoren lassen. Mit dem Portwein ablöschen und die Flüssigkeit völlig einkochen lassen.

Die Eier aufschlagen, verquirlen, mit Salz und Pfeffer würzen. Die Rühreimasse über die Leber und Pilze geben, im vorgeheizten Backofen (E: 200°C, G: Stufe 3) ca. 5 bis 8 Minuten überbacken, die feingehackte Petersilie darüberstreuen und heiß servieren.
Mit frischem »steynbrodt« von Seite 86 ist dies ein wirklich feines Eiergericht, gegen das unser einfaches Rührei vor Neid erblassen wird.

Gefilte dorttem von ayren mite kronsbermuos

Gefüllte Eierkuchen mit Preiselbeersauce — nach einem Rezept aus der »Kuchenmaistrey«

Teig:	oder von 2 Reb-
4 Eier	hühnern
200−250 g Mehl	125 g durchwachse-
½ l Milch	ner Speck
Majoran, Estragon	2 Eier
Salz	Salz, Pfeffer
Fett zum Backen	Petersilie
	Kerbel
Füllung:	Thymian
Fleisch von einem	1 Gläschen Apfel-
gebratenen Fasan	brannt (Calvados)

Aus dem Mehl, den Eiern, der Milch und den feingewiegten Kräutern einen nicht zu flüssigen Pfannkuchenteig bereiten. Salzen. In dem heißen Fett acht kleine Pfannkuchen ausbacken und warm stellen.
Das Geflügelfleisch fein zerschneiden, mit dem gewürfelten Speck und den Eiern zu einer Farce verarbeiten. Mit den Gewürzen und dem Apfelbrannt abschmecken.
Die Füllung auf die Mitte von 4 Pfannkuchen verteilen und die restlichen 4 Pfannkuchen als Deckel darüberlegen.
Auf ein gefettetes Backblech geben und gut 5 Minuten im vorgeheizten Backofen (E: 200°C, G: Stufe 3) backen. Mit warmem »Kronsbermuos« von Seite 64 servieren.

Daz ist auch ain guot spise von ayren

Gefüllte, überbackene Eierpfannkuchen — ein echtes Meisterstück, etwas kompliziert, aber lohnend

Füllung:	Teig:
1 Hähnchen	4 Eier
4 Scheiben Speck	200−250 g Mehl
2 Äpfel	½ l Milch
Salz	Fett zum Backen
Pfeffer	
4 Weißbrotscheiben	**Würzsauce:**
Milch zum	⅛ l Rotwein
Einweichen	2−4 EL Honig
2 Eier	je 1 Prise Nelken-
Paniermehl	pulver, Ingwer,
25 g Schmalz	Piment, Pfeffer

Das Hähnchen pfeffern, salzen, mit dem Speck umwickeln und im Ofen oder im Römertopf (E: 200°C, G: Stufe 3) ca. 30 Minuten braten, herausnehmen, häuten, entbeinen und das Fleisch wie für ein Ragout zerkleinern und warm stellen.
Inzwischen die Weißbrotscheiben in Milch einweichen, in Ei und Paniermehl wenden und im heißen Fett goldgelb ausbacken. Warm stellen. Die Äpfel schälen, das Kernhaus ausstechen und in fingerdicke Scheiben schneiden. Kurz anbraten und warm stellen. Den Eierkuchenteig aus Mehl, Salz, Eiern und Milch herstellen und im heißen Fett vier große Pfannkuchen backen.
Die Pfannkuchen auf ein Backblech legen und jeweils die Mitte mit einer Schicht Äpfel belegen, pfeffern, darauf je Pfannkuchen einen »Armen Ritter« (das ausgebackene Weißbrot) legen und das Hähnchenfleisch darauf verteilen. Die Ränder der Pfannkuchen hochklappen und soweit wie möglich über die Fülle schlagen. Den Rotwein mit Honig und den Gewürzen verrühren und in die Öffnungen gießen. Die Pfannkuchen im Backofen (E: 225°C, G: Stufe 4) 5 Min. überbacken und heiß servieren.

Ayren in geler salse

Eier in gelber Sauce — eine köstliche
Vorspeise, wie sie Philippine Welser liebte,
für verwöhnte Gaumen

8 Eier	6 EL scharfer Senf
Wasser zum Kochen	4 EL Rotwein
8 EL bittere Orange-	1 kleine
marmelade	Speisezwiebel

Die Eier hart kochen und unter kaltem Wasser gut abschrecken. Die Saucenzutaten miteinander gut verrühren und die feingehackte
Zwiebel unterziehen. Bei milder Hitze ca. 10
Minuten ziehen lassen.
Die Eier schälen, halbieren, auf Tellern anrichten und mit der Sauce übergießen.

Dazu können Sie »steynbrodt« (siehe Seite
86) reichen, von dem jeder ein Stück
abbricht und damit die Sauce auftunkt.

Geheck von ayren

Eierragout auf Toast — ein Rezept aus dem
»Viandier« des Maistrekeu Taillevent

8 hartgekochte Eier	Thymian
1 Zwiebel	4 Scheiben Weiß-
1 TL Schmalz	brot
4 EL Öl	1 EL Schmalz oder
¼ l Weißwein	Butter
3 EL Sahne	1 EL mittelscharfer
Safran, Salbei	Senf

Die hartgekochten Eier abschrecken, schälen
und fein hacken. Die feingewürfelte Zwiebel im Schmalz goldbraun braten. Das Öl,
Wein und die Zwiebel in einen Topf geben,
die Eier unterziehen, mit der Sahne binden
und bei milder Hitze gut warm werden
lassen. Mit Safran, Salbei und Thymian
würzen.
Die vier Weißbrotscheiben in Schmalz oder
Butter goldbraun rösten, die Eiersauce mit
dem Senf abschmecken, über die heißen
Brotscheiben geben und sofort servieren.

Ayr von kriechen

Griechische Eier — wahrscheinlich ein
Phantasiename für ein Gericht, das wir
heute als »Arme Ritter« kennen

8 Scheiben	Paniermehl
Weißbrot	Zimt
¼ l Milch	Zucker
3 Eier	50 g Schmalz

Die Weißbrotscheiben in Milch weichen, in
den verquirlten Eiern wenden und panieren.
Im heißen Schmalz goldgelb ausbacken. Mit
Zucker und Zimt bestreuen und heiß auf den
Tisch bringen.

Dazu paßt ein fruchtiger Obstsalat, »Kronsbermuos« von Seite 64 oder echt mittelalter-
lich: »ruebenkrautz« — Rübenkraut.

Ayrenkuchen mite würzkrute

Omelette mit Kräutern — zeigt die
Kunstfertigkeit der Küche des Mittelalters

8 Eier	Basilikum,
6 EL frische, gehack-	Estragon, Kresse)
te Kräuter	2 cl Armagnac
(Petersilie, Kerbel,	Salz, Pfeffer
Schnittlauch, Dill,	50 g Butter

Die Kräuter fein hacken. Das Eigelb vom Eiweiß trennen, das Gelb verschlagen und mit
den Kräutern, Salz und Pfeffer vermischen.
Das Eiweiß steif schlagen und vorsichtig unterheben. Den Armagnac dazugeben.
In einer großen Pfanne mit heißer Butter 4
Omelettes backen. Ist die Unterseite fest und
leicht gebräunt, die Oberseite aber noch
recht flaumig, klappt man sie zusammen
und serviert auf einer vorgewärmten Platte.
Hinter diesem prosaischen Rezepttitel ver-
birgt sich ein Gedicht in Ei. Ein duftig zartes
Gebilde mit allen Aromen, die einen Genie-
ßer ins Traumland entführen können.

Backstube einer Hofküche — aus der »Opera« von Scappi — mit großem Arbeitstisch und Backofen. Links bereitet der »Konditor« eine »Mandelsülze vor, rechts werden Gewürze gesiebt.

Vonn allerlay zugemuos

Erntefrisches aus dem Gemüsegarten

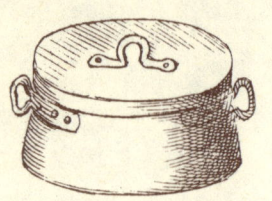

Gemüse — das ist ein Wort, bei dem ich unzählige Farben und Formen sehe, tausend Aromen schmecke. Gemüse ist für mich die Poesie der Küche, wenn auch das Wort selbst wenig poetisch ist, bedeutete es doch ursprünglich: Die zu Mus zerkochte Speise. Und wenn wir den Kochanleitungen des Mittelalters folgen, so erhalten wir immer wieder eins — den Gemüsebrei.

Warum dies so war, verstehen wir, wenn wir die Tafelsitten der Zeit betrachten. Denn da es weder Löffel noch Gabel gab, aß man das Gemüse, indem man Brotbrocken eintauchte und damit »löffelte«.

Diese barbarische Sitte will ich heute nicht mehr aufleben lassen, und so habe ich die Gemüserezepte — bis auf die wirklich einmaligen Rezepte für Rot- und Weißkohl — so verändert, daß sich das Eigenaroma mit zarter Würze voll entfalten kann. Dies gilt auch für die breiartigen Zubereitungen, die uns eigentlich gar nicht so unbekannt sein dürften — denken wir doch nur an die heute von Gourmets hochgelobten Gemüsepürees der Feinschmecker-Küchen.

Ich habe die alten Rezepte doch soweit erhalten, daß sie originalgetreu schmecken und damit die Gerichte,

72

 **Vm lust hat Gott vnd die natur nicht allein vö** gel vnd wilpret erschaffen vnd gemacht/sonder auch etliche zü gemüse/als Kreütlin/Pfifferling/Pretling zc. die do von dē Philosophis vnd Weysen/vndter die lebhafftigenn geschöpffe erzelet werden. Ich müß aber zuuor von jr art/krafft vnd natur sagen/ehe vnd ich erzele wie mans kochen/machen vnd zü güter speyß beraiten soll/ Müß aber zuuor von erst sagen/dieweyl es die materien erhaischt/das wir am ersten zür speyß vnd gefüll werck brauchen/das ist mel vnd gersten mel/wiewol ich von disem auch geredt/da ich vom brot schreybe.

Das I. Capitel/ Von
der Gersten.

ERsten/wie ich im ersten büch gesagt hab/ist ein getraide/das temperierter natur ist/hat nicht vil narung an jr. Wasser vonn gersten/honig vnd süßholtz gekocht/ist ser güt/denen die kranckheit haben von grosser hitze her. Wir essen auch gersten in vnserer speyß/wie folgen wirt.

denen sie als Beilage dienen, zu echter
mittelalterlicher Geschmacksfülle
aufrunden.
Und vielleicht geht es Ihnen so, wie vielen
Freunden, die bei mir das erstemal die
Küche des Mittelalters kennenlernten und
mit der Auffassung heimgingen, daß
Gemüse das beste Fleisch sei.

73

Pälgt arbaiß in kreyter

Erbsen in Kräutern gedünstet — eine
Spezialität der Küchenmeister des
Mittelalters

500 g junge Erbsen	1 EL gehackte
50 g Butter	Zwiebel
⅛ l Brühe	etwas Minze
Salz	Thymian
1 EL Honig	1 Eigelb
je 1 EL gehackter	5 EL saure Sahne
Kerbel, Petersilie	

Die Erbsen in der zerlassenen Butter schwenken und ca. 5 Minuten dünsten. Evtl. die
Brühe angießen. Salz und Honig zugeben
und die Kräuter vorsichtig unterheben. Weitere 10 Min. dünsten und die Erbsen mit
dem verquirlten Eigelb und der Sahne
vermischen. Heißwerden aber nicht mehr
kochen lassen!

Gemuos von arbaiß unt rueben

Erbsen-Möhren-Gemüse — wie es von
Philippine Welser als Beilage gereicht wurde

250 g Möhren	Thymian, Estragon
50 g Butter	250 g junge Erbsen
⅛ l Fleischbrühe	5 EL saure Sahne
Salz	2 EL gehackte
1 TL Zucker	Petersilie

Die Möhren schaben und waschen. Junge
Möhren (Karotten) werden nur gewaschen
und bleiben ganz. Die Möhren in etwa zenti-
meterdicke Scheiben schneiden, in der zerlassenen Butter kurz anbraten, die Brühe
zugießen und ca. 10 Minuten dünsten.
Mit Salz, Zucker, Thymian und Estragon
würzen und die Erbsen auffüllen.
Das Gemüse nun noch ca. 10 Minuten zugedeckt weiterdünsten. Mit der sauren Sahne
binden, die feingewiegte Petersilie darüberstreuen und servieren.

Gebachene zwiffl

Gebackene Zwiebeln — sie schmeckten den
Tegernseer Mönchen nicht nur gut, sondern
es wurden ihnen auch heilende Kräfte
nachgesagt

600 g Zwiebeln	Salz
40 g Butter oder	4 EL süße Sahne
Schmalz	2 EL gehackte
1 EL Honig	Kräuter
⅛ l Weißwein	

Die Zwiebeln schälen, und in gut 1 cm dicke
Scheiben schneiden. Das Fett zerlassen, den
Honig darin auflösen und die Zwiebelschei-
ben zugeben. Kurz anbraten, den Wein zugießen und zugedeckt 20—30 Minuten
schmoren lassen. Salzen, mit der Sahne binden und mit den Kräutern abschmecken.

Gelbe ruben

Junge Möhren — nach Art der Philippine
Welser

750 g junge Möhren/	Salz
Karotten	1 TL Zucker
1 Zwiebel	⅛ l Sahne
50 g Schmalz oder	½ Bund Petersilie
Butter	Majoran
etwas Wasser oder	Pfeffer
Brühe	20 g Butter

Die jungen Möhren oder besser Karotten nur
waschen und ganz mit der feingeschnittenen
Zwiebel in einen Topf mit dem zerlassenen
Schmalz geben. Mit Zucker und Salz würzen
und zugedeckt 5 Minuten lang schmoren lassen. Dabei öfter schwenken und ggf. nachsehen, ob sich ausreichend Flüssigkeit gebildet
hat. Gegebenenfalls etwas Wasser oder Brühe angießen und weiterschmoren lassen.
Nach 10 Minuten die Sahne, die gehackte
Petersilie und Majoran zugeben, mit Pfeffer
abschmecken und ohne Deckel unter Schüt-
teln den Saft einkochen lassen. Mit der Butter durchschwenken und servieren.

Blauwer krautzchol

Rotkohl oder Blaukraut nach einem Rezept
der feinschmeckerischen »Welserin« —
für 6 Personen

1 Kopf Rotkohl	Ingwer
(ca. 1000 g)	4 zerstoßene Nelken
⅛ l Rotwein	2 Lorbeerblätter
4 EL Preiselbeeren	1 EL Zucker
4 EL Johannisbeer-	Salz
gelee	Pfeffer
1 TL Zimtpulver	6 EL Apfelmus
1 TL gemahlener	6 EL süße Sahne

Den Rotkohl putzen, die äußeren, welken
Blätter entfernen, den Kohl vierteln, die
Strunkteile heraustrennen und den Kohl
dann raspeln oder nudelig schneiden, mit
dem Rotwein aufkochen und nach 15 Minuten die Preiselbeeren, das Johannisbeergelee
und die Gewürze unterheben. Noch 45 Minuten zugedeckt auf milder Hitze weitergar-
en. Apfelmus und Sahne unterziehen und je
nach Geschmack noch stärker würzen.

Rosenkrautz Köpfelin

Rosenkohl — wie ihn unsere Vorfahren im
Mittelalter liebten

600 – 700 g Rosen-	Pfeffer
kohl	Muskat
50 g Schmalz	⅛ l süße Sahne
Salz	etwas Wasser

Die welken Blätter und Strünke von den
Röschen entfernen, danach waschen und die
Schnittstellen über Kreuz einschneiden. Den
Rosenkohl 2 Minuten blanchieren. Mit kaltem Wasser abschrecken und gut abtropfen
lassen.
Im zerlassenen Schmalz ca. 10 Minuten dünsten, nach 5 Minuten nachsehen, ob sich genug Flüssigkeit gebildet hat. Evtl. Wasser
angießen. Die Röschen dürfen nicht zu
weich werden. Mit Salz, Pfeffer und Muskat
kräftig würzen und mit der Sahne binden.
Kochen lassen, bis die Sahne cremig gebunden ist, anrichten und in einer rustikalen
Schüssel servieren.

Muos von schwammen

Steinpilzmus mit Wein — eine delikate
Beilage zu Wild und Fleisch

500 g Steinpilze	wein (Portwein)
50 g durchwachse-ner Speck	¼ l süße Sahne
	Pfeffer
50 g Butter	1 TL Speisestärke
¼ l roter Dessert-	

Die Pilze putzen, kurz waschen, abtrocknen
und folgendermaßen zerkleinern: Die Stiele
quer in 3 mm dicke Scheiben schneiden. Die
Hüte ebenfalls in 3 mm dicke Scheiben
schneiden. Wenn Sie wissen, daß die Pilze
sauber sind, vergessen Sie ruhig das
Waschen, um so intensiver schmecken die
Pilze.
Den Speck in feine Streifen schneiden. In der
Butter werden die Speckstreifen und die gehackten Pilze nun gut durchgeschmort. Je
eine Hälfte vom Wein und der Sahne zugeben und die Flüssigkeit fast ganz einkochen
lassen. Mit Pfeffer würzen, den restlichen
Wein und die Sahne zugießen, mit der Speisestärke binden und noch einmal kurz aufkochen lassen.

Saur Kraute

Sauerkraut — nach einem Elsässer
Klosterrezept aus dem 14. Jahrhundert

2 Zwiebeln	2 EL Honig
4–5 EL Schmalz	3 säuerliche Äpfel
750 g Sauerkraut	⅛ l Weißwein
einige Wacholder-beeren	Salz, Pfeffer
	250 g Schinkenspeck
1 Lorbeerblatt	in 4 Scheiben

Die kleingehackten Zwiebeln im Schmalz
glasig dünsten. Inzwischen das Sauerkraut
mit einer Gabel oder mit der Hand zerrupfen
und auf die Zwiebeln legen. Wacholderbeeren zerdrücken und mit dem Lorbeerblatt sowie dem Honig zum Kraut geben.

Den Topf verschließen und das Sauerkraut
bei milder Hitze weiterschmoren. Die Äpfel
schälen, in Spalten schneiden und entkernen. Nach 20 Minuten nachsehen, ob das
Kraut auch nicht angesetzt hat. Äpfel, Wein
und etwas Salz zugeben. Den Schinkenspeck
auf das Kraut legen, den Topf wieder zudek-
ken und das Kraut nochmals 30 Minuten
schmoren lassen. Mit Pfeffer und vielleicht
noch etwas Honig abschmecken, anrichten
und servieren.

Gemues von mangoldt unnd zwiffelror

Mangold und Lauch — ein köstliches
Gemüsegericht aus mittelalterlichen
Kochtöpfen

500 g Mangold	1 Knoblauchzehe
500 g Lauch/Porree	Salz, Pfeffer
1 Zwiebel	Basilikum
50 g Schmalz	⅛ l süße Sahne

Den Mangold putzen, die harten Stengelteile
entfernen, danach das Gemüse waschen und
kurz blanchieren. Abschrecken und gut abtropfen lassen.
Den Lauch putzen, in zweifingerbreite Scheiben schneiden, gründlich waschen und abtropfen lassen. Die Zwiebel schälen und in
kleine Würfel schneiden.
Im zerlassenen Schmalz wird die Zwiebel
glasig gedünstet, die zerdrückte Knoblauchzehe dazugegeben und das Gemüse aufge-
schüttet. Im zugedeckten Topf ca. 10 Minuten im eigenen Saft schmoren lassen, salzen,
pfeffern, mit Basilikum würzen und mit der
Sahne binden. Kurz aufkochen und durch-
kochen lassen und in einer Schüssel angerichtet servieren.

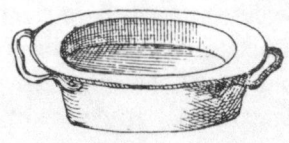

Muos von pälgt arbaiß

Brei von getrockneten Erbsen — eine
Beilage, die gut zu Lamm- und
Hammelbraten paßt

400 g getrocknete Erbsen	Thymian, Kerbel)
¾ Fleischbrühe	40 g Schmalz
1 Gewürzsträuß- chen (Estragon, Petersilienstiele,	1 Zwiebel
	Salz
	Pfeffer
	Pfefferminze

Die Erbsen verlesen, waschen und gut 12
Stunden (über Nacht) in der Fleischbrühe
einweichen. Dann aufsetzen und ca. 1½
Stunden unter Zugabe des Gewürzsträuß-
chens kochen.
Die Erbsen aus der Brühe nehmen, durch ein
Sieb passieren. Die Zwiebel klein hacken, im
Schmalz glasig dünsten und zum Erbsenbrei
geben. Mit Brühe zu einem nicht zu dünnen
Brei verrühren und zu einem nicht zu festen
Mus zusammenkochen lassen. Mit Salz,
Pfeffer und etwas feingehackter Pfeffermin-
ze gut abschmecken und auftragen.

Behamisch arbaiß

Böhmische — was soviel bedeutet wie
»heidnische« — Erbsen, in Schmalz
gedünstet

750 g frische, grüne Erbsen (oder 1 große Dose)	60 g Schweine- schmalz
	1 Bund Petersilie
	2 EL gehackter Kerbel
250 g durchwachse- ner Speck	1 TL Honig
3 Zwiebeln	Pfeffer, wenig Salz

Die Erbsen putzen und auspahlen, bzw. gut
abtropfen lassen.
Den durchwachsenen Speck sowie die Zwiebeln fein würfeln und im Schmalz solange
dünsten, bis die Zwiebeln glasig werden.
Sobald die Zwiebeln zu bräunen beginnen,
die Erbsen zugeben und gut durcheinander-

mischen. Die feingewiegte Petersilie, den
Kerbel und den Honig nach ca. 5 Minuten
zugeben.
Im bedeckten Topf noch ca. 20—25 Minuten
unter öfterem Schwenken dünsten. Mit Salz
und Pfeffer abschmecken und servieren.
Aber Vorsicht mit dem Salz, da der Speck
zumeist schon gesalzen ist.

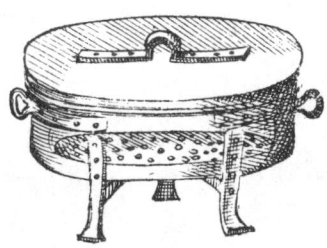

Weißkraut
mite swinespec

Weißkohl mit Schweinespeck — ein
herzhaftes und nahrhaftes Gemüsegericht,
das es fast jede Woche gab, und dem unsere
Vorfahren nicht zuletzt den Spitznamen
»Kraut- und Rübenfresser« verdanken —
für 4—6 Personen

1 Kopf Weißkohl (ca. 1000 g)	1 Zwiebel
	1 Tasse Fleischbrühe
250 g durchwachse- ner Speck	Muskat
	Kümmel
50 g Schweine- schmalz	Salz, Pfeffer

Den Kohlkopf putzen, die äußeren, welken
Blätter entfernen, den Kohl vierteln und die
Strunkteile herausschneiden. Den Kohl fein-
streifig raspeln.
Den gewürfelten Speck und die ebenfalls ge-
würfelte Zwiebel im Schmalz auslassen bzw.
glasig dünsten. Den Kohl zugeben und ca. 10
Minuten mitdünsten.
Nachdem der Kohl gut angedünstet ist, wird
die Brühe angegossen, der zerstoßene Küm-
mel, Salz, Pfeffer und Muskat zugegeben.
Den Kohl 50—60 Minuten zugedeckt auf
milder Hitze dünsten und nochmals mit den
Gewürzen nach Belieben abschmecken.

Meldung von allerlay zuspeyß

Herzhafte Knödel, Nudeln und andere Beilagen

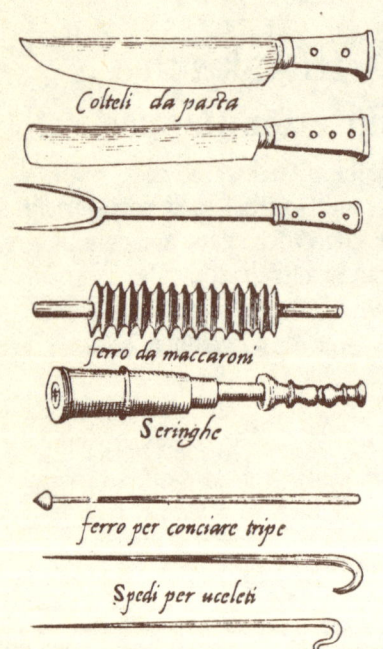

Colteli da pasta

ferro da maccaroni

Seringhe

ferro per conciare tripe

Spedi per ucceleti

Vielleicht geht es Ihnen — liebe Leserin, lieber Leser — genauso wie mir, wenn Sie dieses Kapitel gelesen haben. Sie fragen sich: Wie konnte ich nur immer so viele Kartoffeln essen? Aber wir wollen die Kartoffel, die ja die Küche des Mittelalters noch gar nicht kannte, denn sie kam erst 1550 nach Europa, nicht abwerten. Sondern wir stellen mit Genugtuung fest, daß es eine Vielzahl anderer Speisen gibt, die die Kartoffel voll ersetzen können. Ja — die uns noch viel besser schmecken können als die selbst meisterhaft zubereitete Kartoffel.

Die Vielfalt der Zubereitungen und Geschmacksrichtungen der Teigwaren, die die Küchenmeister des Mittelalters kannten, muß uns heute faszinieren. Und der Schritt zu Backwaren liegt nah. So wie es in grauer Küchenurzeit erst den Emerbrei (aus einem Vorläufer des Getreides) gab, dann wahrscheinlich den in Wasser gekochten Kloß oder Knödel und die Nudeln — bis eine unserer Ururugroßmütter auf die geniale Idee kam, den Getreidebrei nicht wie üblich ins kochende Wasser zu schütten, sondern auf einen heißen Stein zu streichen und damit den Fladen erfand.

Und da es nichts in der Welt gibt, was so dauerhaft ist wie die Liebe zu den

78

*Kochtöpfen unserer Mütter, so haben
Klöße, Knödel, Nudeln und Fladenbrote
dem Siegeszug der Kartoffel getrotzt. Und
noch heute stehen sie — zwar nicht mehr
in solcher Vielfalt wie vor Jahrhunderten
— in höchster Gunst.
Die folgenden Rezepte kosten zwar etwas
Zeit und Mühe — aber es lohnt sich, wenn
Sie die Gemüse wiederentdecken wollen,
die leider schon lange vergessen waren.
Zum Beispiel: »Semelknödelin«,
»Semeldorrtem« oder »Nudelin«.*

Die älteste Abbildung des Knödels — ein Wandfresko aus der Burgkapelle Eppan. Die Köchin
probiert den Knödel mit dem typischen Knödelmesser.

Probstsemel in butern anprenzt

Ausgebackene Weißbrotscheiben — im Tegernseer Kloster kamen sie als Beilage auf die Tische der Pröpste und Äbte

8 Scheiben Weiß-
  brot oder helles
  Weizenmischbrot
⅛ l Milch
	2 Eier
	Salz, Pfeffer
	Paniermehl
	50 g Butter

Die nicht zu dünn geschnittenen Brotscheiben (sie können auch von altbackenem Brot sein) werden in der Milch kurz geweicht, in den verquirlten Eiern gewendet, mit Salz und Pfeffer gewürzt und paniert.
Die Butter in einer Pfanne erhitzen, die Weißbrotscheiben darin knusprig goldbraun ausbacken, anrichten und servieren.
Diese Beilage schmeckt besonders zu Pasteten, zu Gemüsegerichten, Suppen, Eintöpfen und Spießbraten.

Semeldorttem

Semmeltorte — anstelle der noch unbekannten Kartoffeln reichte Philippine Welser diese knusprige »Torte« als Beilage

5 Eier
250 g Paniermehl/
  Semmelbrösel
250 g Mandeln
	Salz, Pfeffer
	50 g Butter oder
	  Schmalz

Die Eier verquirlen und das Paniermehl unterziehen. Den Teig, der geschmeidig fest sein muß, mit den feingehackten oder gemahlenen Mandeln gut verkneten, mit Salz und Pfeffer würzen.
Die Butter bzw. das Schmalz erwärmen, bis sie flüssig ist, und eine Kastenform damit ausstreichen. Den Teig in die Form füllen und im vorgeheizten Backofen (E: 200° C, G: Stufe 3) ca. 40—45 Minuten backen. Während der Backzeit des öfteren mit der Butter bzw. Schmalz einstreichen. Zwei Minuten vor dem Herausnehmen nochmals einstreichen und mit einer Prise Salz bestreuen. Garprobe mit einem Holzspießchen machen. Bleibt es beim Herausziehen trocken, ist die »Torte« gar und kann herausgenommen werden.
Die »semeldorttem« warm in daumendicke Scheiben schneiden und als Beilage zu Braten servieren.

Semelknödelin

Semmelknödel — ein Rezept, das Ihnen vielleicht ganz »neubayrisch« vorkommen wird. Doch es war schon in der Tegernseer Klosterküche des 14. Jahrhunderts bekannt — ergibt ca. 6 Knödel —

500 g altbackenes
  Weißbrot oder
  Knödelbrot
1 Tasse Milch
1 TL Butter
	2 Eier
	Muskat
	1 Bund Petersilie
	Salzwasser

Das Weißbrot in kleine Würfel schneiden. Semmel- oder Knödelbrot, wie es südlich der Mainlinie angeboten wird, ist schon entsprechend vorgeschnitten.
Das Weißbrot mit der heißen Milch und dem darin gelösten Teelöffel Butter tränken und mit einem Deckel pressen und 15 Minuten ziehen lassen.
Die Eier, eine gute Prise Muskat und die feingewiegte Petersilie dazutun und alles gut vermengen. Den Teig ca. 10 Minuten stehenlassen.
Knödel formen und in kochend sprudelndem Salzwasser in einen Topf mit großem Durchmesser geben. Die Knödel bei milder Hitze ca. 20 Minuten ziehen lassen. Sie sind Ihnen gelungen, wenn sie pflaumweich mit der Gabel zerteilt werden können.

Variation:
1—2 Zwiebeln fein hacken, in 2 EL zerlassenem Schmalz anbräunen und mit unter den Teig mengen.

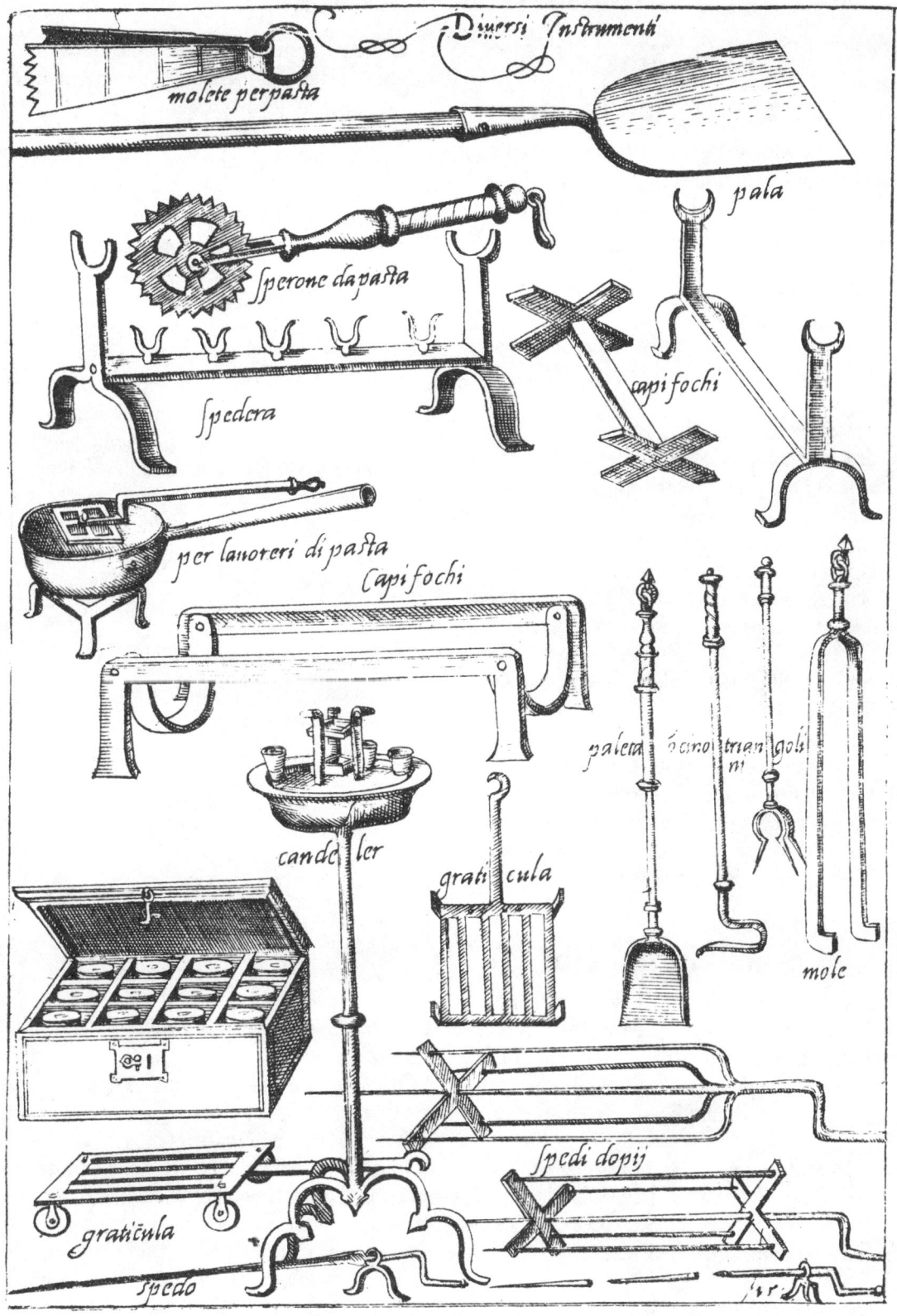

Allerlei Gerätschaften aus der mittelalterlichen Küche, die Bartolomeo Scappi in seinem Buch »Opera« beschreibt.

Salvan-dorttem in smalz gebachen

Salbeitorte, in Schmalz gebacken, da die Kartoffel noch unbekannt war, waren die Köche erfinderisch, wie man sieht

5 Eier	Salbei
250 g Mehl	50 g Schmalz
250 g gemahlene	Salz
Mandeln	Schmalz zum Aus-
1 TL gemahlener	fetten

Die Eier gut verquirlen und mit dem Mehl, den Mandeln und dem Salbei zu einem geschmeidigen Teig verkneten. Das Schmalz zerlassen. Ist der Teig zu trocken, geben Sie noch ein wenig Schmalz zu.

Eine Kastenform mit dem erwärmten Schmalz ausstreichen, den Teig hineinfüllen und im vorgeheizten Backofen (E: 200° C, G: Stufe 3) ca. 30 Minuten backen. Während der Backzeit mehrmals gut mit dem Schmalz bestreichen. Nach 20 Minuten das Salz überstreuen. Garprobe mit einem Holzspießchen machen. Bleibt es beim Herausziehen trocken, ist die »Torte« gar.

Gleich nach dem Herausziehen aus dem Ofen in gut daumendicke Scheiben schneiden und heiß als Beilage servieren.

Smalzic nudelin

Geschmälzte Spätzle — die Mönche im Kloster zu Tegernsee liebten sie besonders an Tagen, an denen kein Fleisch serviert wurde, aber sie sind auch eine köstliche Beilage zum Fleisch

350 g Mehl	2 l Wasser
4–5 Eier	1 EL Salz
20 g Butter	50 g Schmalz
Salz, Muskatnuß	1 Bund Petersilie

Das Mehl in eine Schüssel sieben. Die Eier nacheinander dazugeben und vermengen, bis der Teig zäh ist. Die Butter zerlassen und

unterkneten. Salz und eine Prise Muskat zugeben, einen elastischen Teig kneten und ca. 30 Minuten quellen lassen.

In einem großen, breiten Topf inzwischen Salzwasser aufsetzen und zum Kochen bringen.

Das Backbrett ins Wasser tauchen, etwas Teig daraufgeben und mit einem Messer feine Teigstreifen ins sprudelnde Wasser schaben. Das Messer dabei immer wieder in kaltes Wasser tauchen. Die Nudeln müssen schwimmen, deshalb schaben Sie immer nur soviel, als gut Platz im Topf haben.

Tauchen die Nudeln wieder an der Wasseroberfläche auf, sind sie gar. Mit einer Schaumkelle herausnehmen, unter kaltem Wasser abschrecken, abtropfen lassen und in einer Pfanne im zerlassenen Schmalz »schmälzen«. Mit gehackter Petersilie bestreut servieren.

Fein affenmündelin

Maultaschen — ein Rezept aus der Klosterküche zu Tegernsee, wo sie »Affenmund« hießen — für 4–6 Personen

Teig:	2 Eier
500 g Mehl	Salz
50 g Schmalz	Pfeffer
3–4 Eier	Majoran
1 Prise Salz	Thymian
Füllung:	Muskat
500 g Schweine-	Salzwasser zum
fleisch	Kochen
250 g Rindfleisch	50 g Butter oder
3 Brötchen	Schmalz
2 Zwiebeln	1 Bund Petersilie

Aus dem Mehl, dem erwärmten Schmalz, Eiern und einer Prise Salz einen Nudelteig bereiten und gut 2 Stunden stehenlassen.

Inzwischen das Fleisch, die eingeweichten und ausgedrückten Brötchen und die feingehackten Zwiebeln durch den Fleischwolf drehen, mit den Eiern gut durcharbeiten, bis sich eine streichbare Masse ergibt. Mit den Gewürzen kräftig abschmecken.

Den Teig ungefähr 3 mm dick ausrollen und in 5×5 cm große Quadrate schneiden. Die Ränder mit Wasser befeuchten, in die Mitte jeden Quadrates etwas von der Füllung geben, zu einem Dreieck zusammenklappen und die Ränder mit einer Gabel gut andrücken. Inzwischen wird Salzwasser zum Sieden gebracht. Die Teigtaschen werden ins Wasser gegeben und müssen kochen, bis sie nach oben steigen.

Die »affenmündelin« gut abtropfen lassen und in eine Schüssel geben. Darüber gießen Sie das zerlassene Fett und streuen die feingewiegte Petersilie darauf.

Abtsknödl

Feine Serviettenknödel, die vorzugsweise auf die Tafeln der Äbte kamen, ein besonders guter Knödel als Beilage

500 g Weizenmehl	¼ l lauwarme Milch
30 g frische Hefe	(30° C)
(oder 1 Päckchen	2 Eier
Trockenhefe)	30 g Butter
1 TL Zucker	1 TL Salz

Das Mehl in eine Backschüssel sieben, in der Mitte eine Vertiefung eindrücken. Die Hefe zerbröckeln, den Zucker daraufstreuen und mit der lauwarmen Milch übergießen und auflösen (Trockenhefe nach Anleitung vorbereiten). Dann in die Vertiefung geben, mit einer Handvoll Mehl überdecken und warm stellen.

Wenn das über die Hefelösung gedeckte Mehl rissig wird, wird die Hefelösung von der Mitte aus mit dem Restmehl verrührt, die Eier, die zerlassene Butter und das Salz zugegeben. Mit dem Rührlöffel solange durchschlagen, bis der Teig Blasen wirft und sich von der Schüssel löst. Sollte der Teig kleben, noch etwas Mehl zugeben.

Den Teig mit einem Tuch zudecken und an einem warmen Ort 1 Stunde — bis er sein Volumen verdoppelt hat — aufgehen lassen. Nochmals kräftig durchkneten und einen Kloß oder eine Rolle formen, in eine Serviette einschlagen. Die Serviette verknoten, einen Kochlöffel unter dem Knoten durchstecken und den Kloß nun in einen Topf mit kochendem Wasser hängen, den Deckel auflegen und etwa 10 bis 15 Minuten kochen.

Den Kloß aus der Serviette herausnehmen, in gut daumendicke Scheiben schneiden und zu Gerichten mit viel Sauce servieren.

Sollte nur wenig Sauce vorhanden sein, so geben Sie am besten braune Butter dazu.

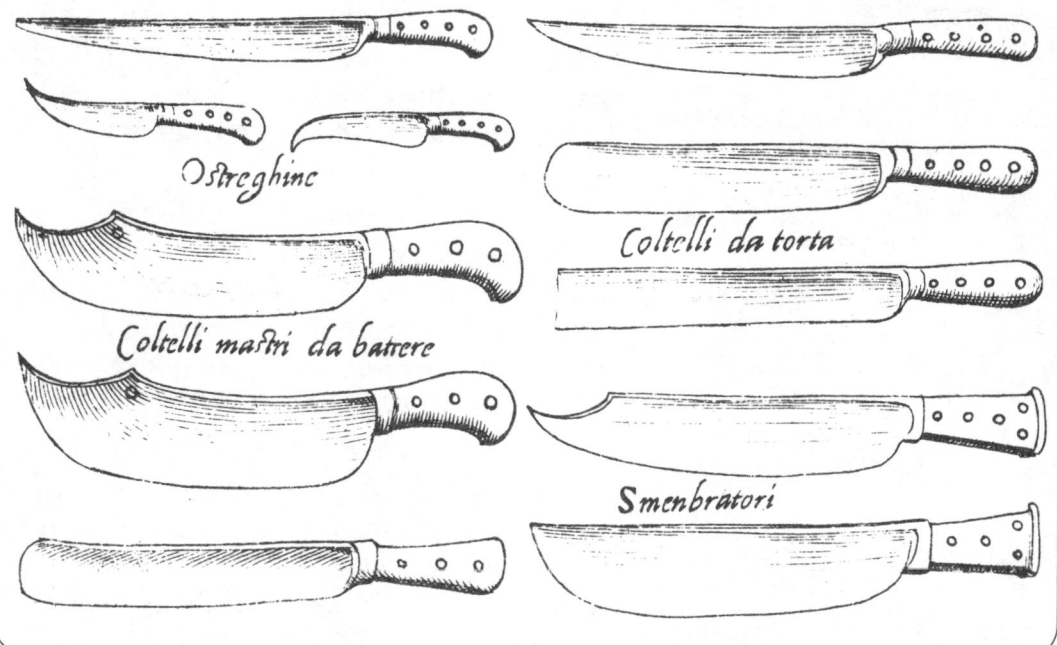

Ostreghine

Coltelli mastri da batrere

Coltelli da torta

Smenbratori

Vonn allerlay Bachwerck

Spezialitäten aus dem häuslichen Backofen

Auch technisch war die Bäckerei schon hochentwickelt, wie dieser fahrbare Backofen zeigt.

Angesehene Handwerker und geachtete Künstler waren die Bäcker des Mittelalters. Denn abgesehen vom Brot, das seit dem Mittelalter in fast unveränderter Form gebacken wird — zum Beispiel ist uns das Rezept für Pumpernickel aus dem Jahr 1434 als »eyn swartzbrodt von westphalen« überliefert und Überlieferungen aus dem »Hausbuch der Mendelschen Zwölfbruderstiftung« aus dem Jahr 1509 zeigen, daß auch die Technik des Backens sich seit damals kaum verändert hat — waren die Bäcker des Mittelalters wahre Künstler im Backen von Gebildbroten.

Daneben gab es »herrenprot«, »probstsemel«, »Ketzapiren«, »rugkenprod«, »semel«, »pretzen«, »mandlstrüezel«, »smalznudl« und viele andere Brot- und Gebäcksorten, die uns zum Teil bis heute überliefert sind. Und darüber hinaus könnte ich ein ganzes Buch mit der Geschichte der Gebildbackwaren des Mittelalters füllen, mit der Geschichte der Spekulatius, Springerle, Pfefferkuchen und so weiter, der mit Holz- oder Eisenmodeln geformten Brote, deren Ursprung schon in

84

vorchristlicher Zeit liegt — mit der Geschichte der Lebkuchen, die von den frommen Klosterbrüdern als Labekuchen für die Armen gebacken wurden. Bereits in den ersten Jahren des 13. Jahrhunderts ist die Zunft der Pfefferküchler in Nürnberg zu einer der angesehensten Gilden geworden. Und noch heute kommen die besten Pfefferkuchen zur Weihnachtszeit aus der Stadt, die im Mittelalter den Beinamen »Des Heiligen Römischen Reichs Deutscher Nation Honiggarten« trug. Gerade in unserer Zeit, in der das selbstgebackene Brot wiederentdeckt wird, sind die Backanweisungen aus einer Zeit, die wir bisher nur aus Märchen kannten, so aktuell wie nie zuvor. Und sie schenken uns die urtümlichen, natürlichen Genüsse wieder, die wir heute suchen.

Fröhlich ging es zu, wenn gefeiert wurde. Diese zeitgenössische Abbildung einer Bauernhochzeit gibt einen Einblick.

Steynbrodt

Ein Fladenbrot — im Mittelalter wurde es fast zu jeder Speise gereicht — reicht für 10 – 12 kleine Fladen

330 g Weizenmehl Type 550
660 g dunkles Roggenmehl
250 g Sauerteig (fertig gekauft, vom Bäcker oder selbstgemacht)
1 Päckchen Trockenhefe
1½ EL Salz

ca. ½ l lauwarmes Wasser (30°C)
10 g gemahlener Fenchel
10 g gemahlener Koriander
Fett für das Backblech
Mehl zum Bestäuben

In eine Rührschüssel wird das gemischte Mehl gesiebt und in die Mitte eine Vertiefung eingedrückt. In die Vertiefung den Sauerteig und die in Wasser nach Anweisung aufgelöste Hefe geben und alles verrühren mit etwas Mehl. Den Vorteig 30 Minuten zugedeckt an einem warmen Ort ruhen lassen. Den Teig salzen, mit dem restlichen Mehl zu einem Teig kneten. Dabei nach und nach das Wasser zufügen und arbeiten, bis der Teig geschmeidig ist. Die Gewürze unter den Teig mischen und bei ca. 30°C 2 Stunden — bis er sein Volumen etwa verdoppelt hat — zugedeckt an einem warmen Ort gehen lassen. Den Teig nochmals energisch durchkneten und 10 – 12 Fladen (etwa 20 cm Durchmesser) formen. Auf ein gefettetes, bemehltes Backblech legen, fein bemehlen und mit einer Gabel mehrmals einstechen. Im vorgeheizten Backofen (E: 225°C, G: Stufe 4) ca. 30 Minuten ausbacken.
Die Fladen sind gar, wenn sie beim Beklopfen der Unterseite hohl klingen. Herausnehmen und auskühlen lassen.
Wie der Name »Steynbrodt« zustandegekommen ist, darüber streiten sich die gelehrten Geister. Eine Partei behauptet, es sei ein Spitzname, das das Brot oft hart wie Stein gewesen sei. Die anderen sagen, der Name käme daher, daß das Brot auf Steinen gebak-

ken worden sei. Dieser zweiten Auslegung möchte auch ich mich anschließen, denn das ofenfrische »Steynbrodt« ist locker und schmeckt vorzüglich.

Sollten Sie bei Ihrem Bäcker keinen Sauerteig bekommen, so können Sie ihn wie folgt selber herstellen:
4 Tage vor dem Backen vermischen Sie in einem Steinguttopf (keinen Metalltopf):
⅛ l lauwarmes Wasser (30°C)
125 g Roggenmehl
1 Prise zerstoßener Kümmel
2 EL Buttermilch oder Joghurt
Den Topf zudecken und an einem warmen Ort aufbewahren. Jeden Tag einmal gut umrühren.
Am dritten Tag, wenn Gärbläschen entstanden sind, geben Sie hinzu:
⅛ l lauwarmes Wasser (30°C)
Roggenmehl
bis ein dickflüssiger Teig entsteht. Diesen Teig weiterhin zugedeckt warmstellen.
Am nächsten Tag ist der Sauerteig zur Verarbeitung bereit.

Rugkenprod

Roggenbrot — wie es die Zunftmeister im Mittelalter buken (denn damals sagte man noch »buken«) — ergibt 2 Laibe

1600 g Roggenmehl Type 1150
400 g Weizenmehl Type 1050
80 g Hefe
40 g Salz
750 g Sauerteig (vom

Bäcker oder nach dem »Steynbrodt«-Rezept Seite 86)
ca. 1½ l Wasser (30°C)

Das Mehl in eine große Rührschüssel sieben, in der Mitte eine Vertiefung eindrücken und die in lauwarmem Wasser gelöste Hefe und den Sauerteig zugeben.
Einen Vorteig mit etwa ¼ des Mehles anmachen und ca. 2½ Stunden — bis er sein Volu-

men gut verdoppelt hat — zugedeckt und warmgestellt ruhen lassen. Salzen. Nun nach und nach lauwarmes Wasser zugeben und einen mittelfesten Teig kneten, der sich blasenwerfend aus der Schüssel lösen muß.

Den Teig zugedeckt an einem warmem Ort 2 Stunden ruhen lassen, rund wirken, halbieren, mit der Schnittfläche nach oben leben und die Laibe ca. 30 cm lang auseinanderziehen.

Auf ein bemehltes Backblech setzen und im vorgeheizten Backofen (E: 200° C, G: Stufe 3) ca. 90 Minuten backen. Beim Einschieben eine Tasse heißes Wasser mit auf das Backblech stellen. Die Brote sind gar, wenn sie beim Anklopfen der Unterseite hohl klingen. Die ausgebackenen Brote mit kaltem Wasser abstreichen und auskühlen lassen.

𝔚ürtzig steynbrodt

Kräftig gewürztes Fladenbrot — aus der Backstube des Klosters zu Würzburg, dem Entstehungsort des ältesten deutschsprachigen Kochbuches — reicht für 5—6 kleine Fladen

300 g dunkles Roggenmehl (vom Bäcker)	*¼ l lauwarmes Wasser (30° C)*
200 g Weizenmehl Type 550	*1 EL Salz*
	5 g Thymian
	5 g Kümmel
125 g Sauerteig (fertig gekauft, vom Bäcker oder nach dem »Steynbrodt«-Rezept S. 86)	*5 g Koriander*
	1 Zwiebel
	1 TL Butter
	Mehl zum Bestreuen
	Fett für das Backblech

Das gemischte, gesiebte Mehl in eine Backschüssel geben, in der Mitte eine Vertiefung eindrücken und den Sauerteig zugeben. Mit dem Sauerteig, etwas Wasser und einem Drittel des Mehles einen nicht zu festen Vorteig bereiten. Eine halbe Stunde warmgestellt ruhen lassen.

Das Salz, die zerstoßenen Gewürze und die kleingeschnittene, in der Butter angebräunte Zwiebel zugeben. Langsam das restliche Wasser zugießen und den Teig kräftig durchkneten, bis er sich von der Schüssel löst.

Den Teig zugedeckt mit einem Tuch an einem warmen Ort bei ca. 30° C 2 Stunden — bis er sein Volumen etwa verdoppelt hat — gehen lassen.

Den Teig nochmals energisch durchkneten und in 5—6 gleichgroße Stücke teilen. Runde Ballen formen und mit der Hand zu Fladen flachdrücken.

Die Fladen auf das gefettete, bemehlte Backblech legen, mit einer Gabel mehrmals einstechen und mit Mehl bestäuben. Im vorgeheizten Backofen (E: 225° C, G: Stufe 4) ca. 30 Minuten backen. Die Fladen sind durchgebacken, wenn sie beim Beklopfen der Unterseite hohl klingen. Herausnehmen und auskühlen lassen.

Dieses herzhaft gewürzte Fladenbrot servierte man als Beilage — zum Auftunken der Saucen, Breie und Suppen. Es schmeckt aber auch ganz vorzüglich, dick mit Butter oder Schmalz bestrichen — zu einem Krug kühlen Bieres.

Den benötigten Sauerteig gibt es übrigens heute in praktischen Beuteln fertig zu kaufen — in den Lebensmittelabteilungen vieler Kaufhäuser und in Supermärkten.

Krennts von brodt

Kranzbrot — so richtig nach dem Geschmack der Tegernseer Mönche — reicht für 3 kleine Brote

600 g Roggenmehl Type 1150	2 EL Salz
400 g Weizenmehl Type 550	ca. 600 ml Wasser (30°C)
80 g Hefe	Mehl zum
1 TL Zucker	Bestäuben

Das gemischte Mehl in eine große Rührschüssel sieben und in der Mitte eine Vertiefung eindrücken. Die Hefe mit dem Zucker in etwas lauwarmem Wasser auflösen und in diese Vertiefung geben. Mit etwa ¼ des Mehles einen Vorteig anmachen, nach und nach das Wasser zugießen und einen mittelfesten Teig kneten. Den Teig 40 Minuten — bis er sein Volumen verdoppelt hat — zugedeckt an einem warmen Ort ruhen lassen.

Den Teig in 3 gleiche Stücke teilen, rund wirken und ca. 20 Miuten mit einem Tuch zugedeckt ruhen lassen, dann in der Mitte durchstechen und zu Kränzen mit Innendurchmesser von 10 cm auseianderziehen.

Die Kränze mit Mehl bestäuben, ruhen lassen und nach weiteren 5 Minuten ringsum einschneiden. Im vorgeheizten Backofen (E: 220°C, G: Stufe 4), in den beim Aufheizen eine Tasse heißes Wasser gestellt wurde, ca. 10 Minuten anbacken. Danach auf E: 200°C, G: Stufe 3 stellen und die Brote noch 30 Minuten ausbacken. Das Brot ist gar, wenn es beim Beklopfen der Unterseite hohl klingt. Herausziehen und mit Wasser abstreichen. Auskühlen lassen.

Am besten schmeckt dieses Brot noch ein wenig warm — dick mit frischer Landbutter oder Schmalz. Und dazu gibt es Schinken und Wurst.

Aber auch als Beilage zu Suppen, Eintöpfen oder Braten kann es gereicht werden.

Variante: Um einen würzigen Geschmack zu bekommen, können Sie dem Teig 2 EL zerstoßene Koriander zugeben.

Eyn swartzbrodt von westphalen

Pumpernickel — wie es seit Jahrhunderten in Westfalen gebacken wird — für 2 Brote

1500 g Roggenmehl Type 1750	ca. 900 ml Wasser (30°C)
750 g Sauerteig (vom Bäcker oder nach dem »Steynbrodt«-Rezept Seite 86)	1 EL Salz
	150 g Rübenkraut
	2 Kastenformen
	Fett und Mehl für die Formen

Das Mehl in eine große Rührschüssel geben, in der Mitte eine Vertiefung eindrücken, den Sauerteig zugeben und mit etwas Mehl einen Vorteig anmachen.

Nach gut 5 Minuten den Vorteig mit lauwarmem Wasser und dem Mehl zu einem mittelfesten Teig verkneten, der nicht mehr an den Händen kleben darf.

Den Teig zugedeckt 2½—3 Stunden an einem warmen Ort gehen lassen, Salz und Rübenkraut zugeben, nochmals durchkneten, bis der Teig sich aus der Schüssel löst. Ggf. noch etwas Mehl zugeben. Den Teig halbieren und 2 lange Teigstücke auswirken.

Die Teigstücke in die ausgefetteten und bemehlten Kastenformen legen, unter einem feuchten Tuch warm stellen und etwa 2 Stunden aufgehen lassen.

Die Kastenformen mit der gefetteten Aluminiumfolie verschließen und im vorgeheizten Backofen (E: 100°C, G: Stufe ½) ca. 12 Stunden ausbacken. Estmals nach 10 Stunden mit einem Holzspießchen prüfen, ob die Brote gar sind.

Die fertigen Brote aus dem Backofen nehmen, aus den Formen stürzen und auf einem Kuchengitter einen Tag auskühlen lassen. Mit der Brotschneidemaschine in dünne Scheiben schneiden.

Ein Rezept, dessen Zubereitung recht langwierig ist, denn das Brot braucht die überlange Garzeit, um sein Aroma entfalten zu können.

Brotbacken auf dem Bauernhof —
eine zeitgenössische Abbildung aus
Vergils Catalepton, herausgegeben
im Jahr 1502 durch Sebastian
Brant aus Straßburg.

Vonn allerley Zuckerwerck und Confect

Süßspeisen
für mittelalterliche
Schleckermäuler

Ein Lebkuchenhaus aus dem Holzschnitt »Das Schlaraffenland« —
entstanden im 15. Jahrhundert.

Die Küchengeheimnisse des Mittelalters liegen jetzt schon fast alle vor ihnen ausgebreitet, und doch fehlt noch ein Teil, den wir zu Beginn unserer Entdeckungsreise gar nicht in den Kochbüchern unserer Vorfahren vermutet haben: die Süß- und Würzspeisen, die die Küchenmeister des Mittelalters phantasievoll herzustellen verstanden — Desserts, die heute selbst noch den verwöhntesten Gaumen begeistern werden.

Zwar wurden diese Leckereien nicht nur wie bei uns zum Schluß eines Menüs gereicht, sondern zwischendurch und oft auch als Abrundung einer Tracht (eines Ganges), um den Genuß in seiner ganzen Fülle zur Entfaltung zu bringen.

So beschreibt das Bankettbuch des Messisbugio ein Gastmahl zu Ehren des Erzbischofs zu Mailand. Zu diesem Fastenessen mit über 100 Gängen (wieviel Gänge müssen erst Festgelage gehabt haben?) waren 54 Gäste geladen. Ich bin sicher, daß niemand Hunger leiden mußte. Denn der neunte Gang bestand immerhin noch aus 1000 frischen Austern mit Früchten.

90

Im zwölften Gang speiste der Erzbischof, zum lieblichen Gesang einer himmelblau-gekleideten Jungfrau, Kirschsuppe mit Zucker und Zimt. Und der vorletzte Gang schließlich bestand aus 15 Silberschüsseln, gefüllt mit dem gar köstlichen Torroni — einer Süßspeise, die Italienurlauber auch heute noch in ganz vorzüglicher Güte in Alba finden.

Zum Abschluß trug man dann noch, nach einer kräftigen Mandelmilchsuppe, die als Laxativum (Abführmittel) gedacht war, geröstete Nüsse und parfümierte Zahnstocher auf goldenen Tabletts auf.

Mit **Bienenfleiß** wurde Honig gesammelt — für allerlei Schleckereien, die unsere Ahnen liebten. Eine Abbildung aus dem Kochbuch des Platina.

Wie die Torroni Italiens schon eine jahrhundertealte Geschichte haben, so hat auch unser deutsches Marzipan seine Geburt schon vor über 500 Jahren erlebt. Denn 1404 stoßen wir bereits auf die ersten Hinweise einer Fabrikation dieser süßen Schleckerei, und der Arzt Nostradamus schreibt in seinem »Konfitürenbuch« im Jahr 1552 über die Marzipanherstellung:

Es kan wol sein
das etlich meiner spotten werden,
das ich so ein geringe sachen beschreib,
welche doch ein jeder
Apotheker machen kan.
Solt tu wissen,
das ich dies hab gethan
vilmehr deß gmeinen mans
unnd der weipspersonen halber
welche gerne newe ding erfaren wollen.
Diese dorttem »Marzapan« genant
unnd dient wol zur Arzney
unnd ist auch gar lieblich zu essen.

Jedoch waren all diese süßen Sachen bis in die Mitte des 17. Jahrhunderts nur für die in Luxus lebenden Adligen und reichen Kaufleute erreichbar, denn Zucker war teuer und wurde daher nicht zuletzt auch nur von Apothekern verkauft, die sich laut Nostradamus auch mit der Marzipan-Herstellung befaßten.
Lassen wir uns nun das Leben von den Schleckereien des Mittelalters versüßen.

Original-Rezepte aus »Ein new Kochbuch« des Marx Rumpoldt — vielleicht probieren Sie sie einmal aus?

42. Treib ein Teig auß/wie du zu einer Turten hast gemacht/vnd treib zwey Blat auß/Auff das eine Blat leg von Epffeln/die zu vierteln geschnitten seyn/vnnd leg Butter darauff/schlag darnach das ander Blat vber die Epffel/machs zu/vnd beschneidts rundt herumb/schlag ein Ey wol/vnd bestreich es damit/setzs in Ofen/vnd backs/schneidts auff/vnd thu Zucker vnd Zimmet darüber/rürs durcheinander vnter die Epffel/decks mit dem Deckel wider zu / besträw es mit Zucker / vnnd gibs warm auff ein Tisch / so ist es ein gute Epffel Turten.

46. Nim ein Teig/darauß du Turten machst/treib jhn fein dünn auß/vnd schneidt ein Adler oder ein Hertz darauß / bestreichs mit Rosenwasser/vnd besträw es mit gestossenen weissem Zucker/scheubs in Ofen/vnd backs/vnnd bleib darbey/biß gebackt/denn es verbrennt sich bald/gibs kalt auff ein Tisch/xc.

Lebzelte

Lebkuchen — wie ihn die Nürnberger
Pfefferküchler schon Mitte des
14. Jahrhunderts nach geheimen
Familienrezepten herstellten —
reicht für ca. 30 Stück

250g Waldhonig	5g Kardamom
4 Eier	je 1 Msp. Ingwer,
50g Zitronat	Nelkenpulver,
50g Orangeat	Muskatblüte
50g Sukkade	1 unbehandelte
1 Msp. Hirschhorn-	Zitronenschale
salz	250g Mehl
1 EL Milch	30 runde Oblaten
100g gehobelte	(Durchmesser von
Mandeln	8–10 cm)
5g Zimt	

Den Honig erhitzen, die Eier aufschlagen,
verquirlen und mit dem Honig vermengen.
Die feingewürfelten Früchte (Zitronat,
Orangeat, Sukkade) unterziehen. Das
Hirschhornsalz in der Milch lösen und dazugeben. Mandeln, Gewürze und die geriebene
Zitronenschale mit der Masse vermengen.
Das Mehl darübersieben und einen glatten
Teig kneten.
Den Teig auf den Oblaten verteilen und die
»lebzelte« über Nacht an einem kühlen Ort
stehenlassen. Am nächsten Tag im vorgeheizten Backofen (E: 180°C, G: Stufe
2–2½) 30 Minuten abbacken, herausnehmen und auskühlen lassen.

Ketzapiren

Kletzenbrot — ein Früchtebrot aus der
Bäckerei des Klosters zu Tegernsee

3 Eigelb	150g Roggenmehl
125g Zucker	1 TL Backpulver
50g Haselnüsse	1 TL Zimt
50g Mandeln	1 Prise Ingwer
400g Trockenbirnen	Fett und Mehl für
Salz	die Form

Das Eigelb und Zucker schaumig-cremig (im
warmen Wasserbad) schlagen. Nüsse und
Mandeln grob hacken. Die Birnen in Streifen
schneiden. Das Eiweiß mit einer Prise Salz
steifschlagen und alles mit der Eicreme vermengen.
Das Backpulver mit dem Mehl mischen und
über die Masse sieben, gut verrühren und
mit Zimt und Ingwer würzen.
Eine Kastenform ausfetten und bemehlen.
Den Teig einfüllen, in den vorgeheizten
Backofen (E: 150–175°C, G: Stufe 1 bis 2)
schieben und 60–75 Minuten abbacken.
Garprobe mit einem Holzspießchen machen.
Das fertige Brot herausnehmen, abkühlen
lassen, in eine Aluminiumfolie einwickeln
und 2–3 Tage durchziehen lassen.
In nicht zu dünne Scheiben schneiden. Dick
mit Butter bestrichen ist das »ketzapiren«
aus Tegernsee ein Genuß.

Fein mandelnuszdorttem

Feine Mandeltörtchen —Philippine Welser
überraschte und verwöhnte damit ihren
geliebten Mann, Erzherzog Ferdinand —
reicht für 12 Törtchen

250g Mehl	125g Zucker
5 Eier	2 EL Zitronensaft
2 EL Wasser	2 EL Rosenwasser
30g Schmalz	(vom Apotheker)
250g Mandeln	

Das Mehl in eine Rührschüssel sieben, dann
2 Eier, das Wasser und das zerlassene
Schmalz zugeben und einen festen Teig kneten. Durchkneten, bis der Teig trocken ist.
Ca. 1 cm dick ausrollen und 12 kleine Törtchen ausstechen. Den Rand hochdrücken.
Aus den 3 Eiern, den geriebenen Mandeln,
dem Zucker und dem Zitronensaft eine Masse rühren und auf die Teigplatten verteilen.
Im vorgeheizten Backofen (E: 200°C, G:
Stufe 3) ca. 45 Minuten backen, bis die Kanten knusprig braun sind. Während der Backzeit mit dem Rosenwasser beträufeln.

Kuchen von honecseim

Honigkuchen — wie ihn die Pfefferküchler in Nürnberg, des Heiligen Römischen Reiches Deutscher Nation Honiggarten, buken

500 g Blütenhonig	20 g Honigkuchen-
500 g Roggenmehl	gewürz
Typ 1150	2 TL Hirschhornsalz
4 Eigelb	500 g Weizenmehl
250 g Honig	Typ 550

Den Honig aufkochen und das Roggenmehl unterrühren, gut durchkneten, völlig erkalten lassen.

Eigelbe, Honig, Gewürz und das Hirschhornsalz schaumig schlagen. Eventuell etwas erwärmen. Das Weizenmehl unterziehen, gut durcharbeiten und beide Massen zum Teig miteinander verkneten.

Den Teig gut 1 Stunde kühl ruhen lassen und dann auf bemehlter Arbeitsfläche ca. 3 cm dick ausrollen. Figuren (Sterne, Herzen, Kreise, Vierecke etc.) ausstechen, auf ein gefettetes Backblech setzen und im vorgeheizten Ofen (E: 200°C, G: Stufe 3) ca. 25 Minuten ausbacken. Herausnehmen und auskühlen lassen.

Dekorationstip:
Geschälte Mandeln und kandierte Kirschen werden vor dem Backen aufgelegt.

Epfel in wine bachen

Bratäpfel in Wein gedünstet — sie waren an Frankreichs Höfen beliebt

4 große Äpfel	4 TL Butter
4 EL Johannisbeer-	¼ l Weißwein
gelee	4 TL Zucker
20 Sultaninen	1 TL Zimt
10 gehäutete	
Mandeln	

Die Äpfel nicht schälen, aber waschen oder gut abreiben und das Kernhaus so herausste-

chen, daß der Boden der Äpfel nicht verletzt wird.

Das Johannisbeergelee mit den Sultaninen und den gestiftelten Mandeln vermengen und in die Äpfel füllen. Auf jeden Apfel einen Teelöffel Butter geben.

Den Wein in eine Auflaufform gießen, die Äpfel hineinstellen und im vorgeheizten Backofen (E: 200°C, G: Stufe 3) solange (ca. 20 Minuten) braten, bis sie einmal aufplatzen.

Herausnehmen, anrichten, mit Zimtzucker bestreuen und dampfend heiß servieren.

Eyn gout spise von Bire und Epfele

Eine Speise aus Birnen und Äpfeln — vielleicht das Urrezept der bayrischen Spezialität »Bavesen« aus der »Würzburger Pergamenthandschrift«

2 Äpfel	2 Eier
2 Birnen	Mehl nach Bedarf
3–4 EL Wasser	50 g Schmalz oder
Anis, Zimt	Butter
8 Weißbrotscheiben	Zucker
⅛ l Milch	Zimt

Die Äpfel und Birnen schälen, vierteln, entkernen und klein würfeln. Mit dem Wasser zu einem Mus verkochen und gut mit Anis und Zimt abschmecken.

Das Mus gut fingerdick auf 4 Brotscheiben streichen. Die restlichen Brotscheiben darauflegen und mit etwas Milch beträufeln.

Die Eier aufschlagen, verquirlen, mit Mehl und der restlichen Milch vermengen, so daß ein glatter Pfannkuchenteig entsteht. In diesem Teig die gefüllten Brote wenden und in einer Pfanne in erhitztem Schmalz oder Butter ausbacken.

Wenn die »spise von Bire und Epfele« auf beiden Seiten goldbraun und knusprig ist, aus der Pfanne nehmen, mit Zucker und Zimt bestreuen und heiß servieren.

Das puch ist des closters zu sand dorothe zu wienn

Handschrift aus dem Kloster St. Dorotheen zu Wien aus dem späten 15. Jahrhundert.

Epfele in salse von vanille

Bratäpfel mit Vanillesauce — danach leckten sich die Gäste der Philippine Welser alle Finger

4 Äpfel (Boskop)	*(oder je ¼ l Milch*
75 g Rosinen	*und Sahne)*
50 g gehackte	*1 Vanilleschote*
Mandeln	*50 g Zucker*
20 g Butter	*1 Prise Salz*
Sauce:	*2 Eigelb*
½ l Milch	*1 TL Speisestärke*

Die Äpfel waschen und das Kernhaus so ausstechen, daß der Boden unverletzt bleibt. Mit den Rosinen und Mandeln füllen und eine Butterflocke daraufgeben.
Auf ein gefettetes Backblech setzen und im vorgeheizten Backofen (E: 225°C, G: Stufe 4) ca. 20 Minuten braten.
Inzwischen die aufgeschnittene Vanilleschote mit der Milch und dem Zucker zum Kochen bringen. Die Schote herausfischen, auskratzen und das Mark wieder mit dem Salz und dem verquirlten Eigelb unterschlagen. Die Speisestärke in etwas Milch lösen, einrühren und kurz aufkochen lassen. Die Bratäpfel in die Sauce legen und auf den Tisch bringen.

Reiß von Kriechen

Griechischer Reis — so wie er uns durch die »Würzburger Pergamenthandschrift«, dem ältesten deutschsprachigen Kochbuch, überliefert ist

250 g Rundkornreis	*50 g Schmalz oder*
1 l Milch	*Butter*
(oder ¾ l Milch	*4—5 EL Honig*
und ¼ l Sahne)	*4 EL Zimtzucker*
1 Prise Salz	

Den Reis in der Milch mit einer Prise Salz zum Kochen bringen. Wenn die Milch zu kochen beginnt, bei schwacher Hitze 20 Minuten quellen lassen. Den Reis aus der Milch herausnehmen und gut abtropfen lassen.
Das Schmalz oder die Butter mit dem Honig in einer Pfanne erhitzen und den Reis nun ca. 5 Minuten auf milder Hitze schwenken.
In eine Schüssel geben mit der warmen Milch aufgießen und mit Zimtzucker überstreut servieren.

Smaltznudelin

Schmalznudeln — eine Fastenschlemmerei aus der Tegernseer Klosterküche — für ca. 10 Stück

40 g Hefe	*1 Prise Salz*
1 TL Zucker	*2—3 Eier*
¼ l Milch (30°C)	*Fett zum Ausbacken*
500 g Mehl	*Zimtzucker zum*
70 g Butter	*Bestreuen*
50 g Zucker	

Die Hefe in der lauwarmen Milch auflösen und mit 1 TL Zucker vermischen. Das Mehl in eine Backschüssel geben und in der Mitte eine Vertiefung eindrücken. Die Hefe mit der lauwarmen Milch hineingeben und mit der erwärmten Butter, Salz und Zucker zu einem Teig verkneten. Die Eier unterziehen und noch einmal gründlich durchkneten, bis der Teig sich von der Schüssel löst.
Den Teig zugedeckt an einer warmen Stelle etwa 30 Minuten gehen lassen, bis er das doppelte Volumen hat. Nochmals durchkneten.
Apfelgroße Bällchen von einer Handvoll Teig formen und so ausziehen, daß ein dikker Rand mit einer dünnen Mitte entsteht. Am einfachsten ziehen Sie die Nudeln über Ihrem bemehlten Knie aus (So macht man das heute noch!). Auf einem Backbrett zugedeckt nochmals gehen lassen und im heißen Fett schwimmend von beiden Seiten knusprig braun ausbacken.
Mit Zimtzucker bestreuen und gleich auf den Tisch damit, denn am besten schmecken die »Smaltznudelin« frisch aus der Pfanne.

Hasenörlelin

Hasenohren — diesmal ganz untierisch, aus schmalzgebackenem Hefeteig. Ein Rezept, das ebenfalls aus der Tegernseer Klosterküche stammt

40 g Hefe	1 Prise Salz
1 TL Zucker	2 Eier
¼ l Milch	Fett zum Ausbacken
500 g Mehl	Zucker zum
70 g Butter	Bestreuen
75 g Zucker	

Die Hefe in der lauwarmen Milch mit einem Teelöffel Zucker auflösen. Das Mehl in eine Backschüssel geben und in der Mitte eine Vertiefung eindrücken. Die Hefemilch dazugeben. Nach und nach unter Kneten die erwärmte Butter, die Eier, Salz und Zucker dazugeben. Alles gut durchkneten, bis der Teig sich von der Schüssel löst.
Die Schüssel zugedeckt an einen warmen Ort stellen, damit der Teig gehen kann. Wenn er nach ca. 30 Minuten ungefähr das doppelte Volumen hat, wird er ausgerollt. Dann wir der Teig in ca. 10 cm große Rauten geschnitten und muß zugedeckt nochmals gehen.

Nach ca. 10 Min. im heißen Backfett schwimmend von beiden Seiten goldbraun ausbacken und mit Zucker bestreut direkt aus der Pfanne servieren.

Hirßbrey

Hirsebrei — ein Gericht, das uns heute nur noch als köstliche Speise aus Märchen bekannt ist

1 l Milch	200 g Hirse (aus dem
1 EL Butter	Reformhaus)
3 EL Honig	50 g Zucker
1 TL Salz	1 TL Zimt
½ l Zitronenschale	

Die Milch mit der Butter, dem Honig, dem Salz und der gewaschenen, abgeriebenen Zitronenschale aufkochen. Dann die gewaschene Hirse zugeben und etwa 1 Stunde bei schwacher Hitze quellen lassen, bis ein sämiger Brei entstanden ist.
In einer Schüssel häufen Sie die Hirse auf und bestreuen sie mit dem Zimtzucker.
Ein wirklich »märchenhafter« Genuß, der die Herzen höher schlagen läßt. Wer mag, kann auch noch 50 g gewaschene Sultaninen oder Rosinen mitkochen.

Und zum Schluß eine Prise!!

Die Kellermaisterey

Was es damals zu trinken gab

Der Wein wird gekeltert — damals noch mit den Füßen, ein Holzschnitt aus dem Buch »Von dem Nutz der Ding« aus dem Jahr 1518.

Unsere Vorfahren hatten den Wein von den Römern, das Met und das Bier von den Germanen, und selbst bescherten sie uns »aqua vitae«, das hochlobte und zugleich verdammte Lebenswasser. Ihre Mahlzeiten bestanden zur einen Hälfte aus Fleisch und zur anderen aus Alkohol — so könnte man boshaft über die Menschen des Mittelalters schreiben. Aber es wäre ungerecht, unsere Vorfahren als Fleischfresser und Säufer zu postulieren, denn eigentlich hat sich — wenn wir ganz ehrlich sind — bis heute nicht viel daran geändert. Wer hätte nicht schon einmal davon geträumt, eine ganze Lende zu »fressen« und dazu soviel Wein oder Bier zu trinken, wie man eben mag? Und wem verdanken wir die hohe Qualität unseres Weines? Oder die Vielfalt unserer Wein-, Obst- und Kornbrände? Die Güte unseres Bieres? Und die Geheimnisse feiner Liköre? Den Lehren und Erkenntnissen des Mittelalters, angefangen »von den Eigenschaften der Dinge« des Mönches Bartholomeo von 1480, betitelt »Von dem Nutz der Ding« und dem geschätzten Agrarbuch des Petrus Crescentius bis zu den Werken des wohl berühmtesten Gelehrten der Zeit, Arnoldus Villanova, der neben vielen medizinischen Schriften, die er als Leibarzt mehrerer Päpste verfaßte, auch ein Weintractat (1478 in deutscher Übersetzung) herausgab. Daneben galt Arnoldus Villanova als

Erfinder der Destillation, denn immerhin führte er den Alkohol unter den Namen Aqua Vitae in der Medizin ein. Doch in den letzten Jahren entdeckte man die erste Beschreibung zur Herstellung von Alkohol im Codex des Magisters Salernus. Diese Anleitung für das Aqua Ardens — einen klaren Branntwein — entstand um 1100. Und noch heute wird nach dieser Rezeptur ein ganz bekannter Branntwein hergestellt.

So wie sich Rezepte über die Jahrhunderte hin nahezu unverändert erhalten haben, so sind uns Sitten und Gebräuche überliefert, die wir heute als selbstverständlich hinnehmen. So war es zum Beispiel im Mittelalter üblich, den

Titelseite des mittelalterlichen Bestsellers »Die Kellermaysterey«, die das Lehrbuch der Winzer und Brauer war.

Der Kellermeister bei der Arbeit —
ein Holzschnitt aus dem Buch »Von
dem Nutz der Ding«.

Gast mit einem »Willkomm-Trunk« —
einem Humpen Bier oder Wein — zu
ehren. Ein Brauch, der sich von
Deutschland aus über ganz Westeuropa
verbreitete.

Dabei legte man ein Stück geröstetes Brot
auf den Boden des Trinkgefäßes, und der
Gast mußte sowohl das Glas leeren als
auch das Brot essen. Aus dieser Sitte, die
»tostea« hieß, entstand das heutige
Toasten (Zutrinken mit Trinksprüchen).
In Verbindung mit einem anderen Brauch,
nämlich dem, daß derjenige, der ein Glas
geleert hatte, mit dem Antrinken des
nächsten beginnen mußte — dieser
Brauch sollte vor Giftmischerei schützen
— begann die Maßlosigkeit
mittelalterlicher Saufgelage. Denn
niemand konnte sich beim Zutrinken
abseits stellen, da es als große Beleidigung
galt, einen Trunk auszuschlagen.
Eigentlich hat sich doch gar nicht soviel
geändert? Oder was halten Sie von einem
Menschen, der einen angebotenen Trunk
ausschlägt?
Eine andere Sitte, die heute in ländlichen
Gegenden noch Brauch ist, war der
»Weinkauf«. Dabei kamen Verträge, sei
es beim Viehkauf, bei Hochzeiten und
sogar bei der Anwerbung von Soldaten
mit einem Trunk zustande.
Was unsere Vorfahren, die weder Kaffee
noch Tee kannten, statt dessen getrunken
haben, das sagt Ihnen das folgende
Kapitel. Und vielleicht probieren Sie diese
Getränke einmal im Freundeskreis aus.
Aber mit Vorsicht — denn trotz aller
Trinkfestigkeit, lieber Leser, unsere
Vorfahren hätten uns lachend unter den
Tisch getrunken.
Und natürlich gab es bei unseren Ahnen
auch die Milch. Daß sie ein Hauptgetränk

war, davon berichtet schon Caesar. So wurde dem Gast neben Met auch ein Becher frischer Milch kredenzt. Und beide galten als »Trank der Unsterblichkeit«.

Eine Magd aus Nürnberg auf dem Weg zum Wirt — mit den typischen Bierkannen, mit denen noch unsere Großväter ihr Bier holen ließen; — ein Holzschnitt von Jost Amann.

von meth

Herb erfrischend, berauschend süß oder schwer wie ein alter Sherry, so präsentiert sich uns heute ein Getränk, dessen Rauschwirkung die alten Germanen als Übergang göttlicher Kraft in den menschlichen Körper priesen. Es mag wohl angehen, daß dieser Trank eines der ältesten alkoholischen Getränke ist, das wir kennen und an dem sich schon die Völker der Indogermanen vor ihrer großen Wanderung von Indien nach Europa labten, besteht doch eine enge Verbindung zwischen dem Wort Met und dem indischen Wort medhu, was soviel bedeutet wie Honig, süß.

Die Griechen schon nannten Met Göttertrank Nektar und genossen ihn als Festgetränk, Medizin und Schlaftrunk. Die Germanen tranken immer nur eins — ein Met, denn es war ihr Leib-, Magen-, Haus- und Hofgetränk. Und bis ins Mittelalter hinein wurde dieses köstliche Getränk in hohen Ehren gehalten. Besonders berühmt war dabei das Passauer Met, welches von der Zunft der Metsieder gebraut wurde, deren Nachfahren auch heute wieder Met brauen. Gegen Ende des 14. Jahrhunderts wurden hier schon mehrere Tonnen Honig verarbeitet und mehrere hundert Hektoliter köstliches Passauer Met gebraut.

Aber nicht nur als Gaumenletze war der Met in aller Munde, die Medizin jener Zeit kennt ihn unter dem Namen Hydromel und empfiehlt ihn gegen Schwindsucht, »warmen Magen« und allerlei andere Zipperlein, die die Menschen seinerzeit plagten.

Alles, was früher in die Metherstellung hineingeheimnist worden ist — zum Beispiel, daß der Honig nur

von jungen Wildbienen stammen dürfe,
daß man zum Ansetzen nur Regenwasser
nehmen dürfe —, sind Märchen, die nicht
der Wirklichkeit entsprechen. Die
Metherstellung ist relativ einfach, wie
unser folgendes Rezept beweist.
Im Mittelalter verlor dieser kräftige
Honigwein jedoch viel von seiner alten
Bedeutung, und das gerade erfundene Bier
der untergärigen Brauart wurde langsam
zum Hauptgetränk bei den Mahlzeiten.
Die Metherstellung schlief in den
folgenden Jahrhunderten in Deutschland
fast ganz ein. Nur in den skandinavischen
Ländern, in Polen und Rußland wurde
dieser uralte Trank nach überlieferten
Rezepten weiter hergestellt.
Heute jedoch können wir Met wieder
freudig trinken, denn einige kluge Imker
haben ihn wiederentdeckt und stellen ihn zu
unserer Freude wieder her. Sollten Sie sich
an süffigem Met laben wollen und ihn in
Ihrer Heimatstadt nicht bekommen, so
können Sie ihn sich per Post bestellen —
bei Welser Küche, Verwaltung,
Schwabenstraße 43, D-8901 Königsbrunn.
Dann wird Ihr mittelalterliches Festmahl
ein echter Erfolg. Wenn Sie aber etwas
Mühe nicht scheuen und Zeit haben,
können Sie Ihren Met sogar selber brauen:

Mehtewin

Honigwein — eine alkoholische Spezialität, wie man sie seit der Zeit der sagenumwobenen Germanen in »Maßen« liebte

Geräte:	werden
1 Ballonflasche (mit 10 l Inhalt)	Zutaten:
1 Gärrohr mit Verschlußkorken	4000 g Honig (nach Ihrer Wahl)
sauber gespülte Flaschen	5 l Wasser zerstoßene Nelken Ingwerpulver
Korken zum Abfüllen, die zuvor sterilisiert, das heißt, keimfrei gemacht	Anispulver 400 g Reinzuchthefe (Weinhefe aus der Drogerie)

Den Honig mit dem Wasser in einem Topf gut vermischen und zusammen unter öfterem Umrühren aufkochen. Dabei mit Nelkenpulver, Ingwerpulver oder Anis leicht würzen. Den entstehenden Schaum mit einer Schaumkelle sauber entfernen und die Flüssigkeit abkühlen lassen. Dann nochmals mit Küchenkrepp die Schaumreste entfernen.

Einen kleinen Teil der Flüssigkeit abnehmen, solange sie noch lauwarm ist, die Hefe darin auflösen und in das Honigwasser rühren.

Die abgekühlte Flüssigkeit in den Ballon füllen, mit dem Gärrohr verschließen und den Ballon warm stellen und ruhig aufbewahren, damit der Gärvorgang vonstatten gehen kann.

Nach 2—3 Tagen bilden sich Blasen im Gärrohr. Das ist das Zeichen dafür, daß der Gärvorgang stattfindet. Dieser dauert je nach Menge 8—12 Tage. Er ist vorüber, wenn sich keine Blasen mehr im Gärrohr bilden.

Dann wird der Met auf Flaschen gezogen und mit einem sauberen Korken verschlossen.

Den Met kühl gestellt im Keller wie Wein lagern. Je älter er wird, desto besser wird er.

Ich selbst habe vor kurzem einen 6 Jahre alten Met getrunken, der vielen alten Sherries Konkurrenz machen kann.

Aber da Met zum mittelalterlichen Essen besonders gut schmeckt und auch schön süffig ist, wird es selten vorkommen, daß er solange liegen bleibt.

Ganz gleich, welche Honigsorte Sie zur Metherstellung nehmen, ob Lindenblüten-, Obstblüten-, Heide-, Tannen- oder Imkerhonig, Sie werden sicher nach der ersten Probe dieses Trankes einem mittelalterlichen Dichter zustimmen, der da sagte:

»mete unt win sint beide gut /
Vür sorge, durst und armut.«

Von fein trunk

Aber nicht nur Bier, Wein und Met waren Getränke, an denen sich unsere Ahnen labten. Sie verstanden es, da sie weder Tee noch Kaffee kannten, hervorragend andere Getränke herzustellen. Warme und kalte.

Und uns interessieren jetzt besonders die kalten. So zum Beispiel die Vorläufer unserer heutigen Bowlen, von denen die Maibowle in einem alten Kräuterbuch besungen wird.

»Im Mayen, wann daz Kräutelyn frisch ist unt blühet, pflegen es viel Leut in den Wein zu legen und darüber zu trincken. Sol auch daz Herze stercken und erfreun.«

Die Rezepte, die wir jedoch finden, reizen heute kaum zum Nachmachen und würden uns wohl nicht munden. Um Ihnen aber hier doch ein ausgefallenes Geheimrezept zu bieten, habe ich mir erlaubt, ein altes Rezept mit einigen Kunstgriffen so zu verwandeln, daß die Bowle Ihnen sicher Anerkennung einbringen wird.

Mayenwine

Maibowle mit Waldmeister — für ca. 6 Personen

1 l leichter, trockener Weißwein	2 Bund Waldmeister
125 g feiner Zucker oder Honig	2 l leichter, trockener Weißwein ½ l leichter Rotwein

Ein guter Rotwein — und dazu der Käse, auch unsere Ahnen liebten den Abschluß, der das Menü krönt.

Den Liter Weißwein in eine Bowlenschüssel geben, den Zucker bzw. Honig zufügen und beides mit einem Löffel solange durchrühren, bis der Wein wieder klar ist und der Zucker bzw. Honig sich ganz aufgelöst hat. Die sauber gewaschenen Bündel Waldmeister nun an einem Faden in die Flüssigkeit tauchen, so daß die Stiele nicht mit eingetaucht sind. Nach etwa einer halben Stunde hat der Wein das Aroma der Maikräuter aufgenommen. Die Bündel werden herausgenommen und der restliche Weißwein sowie der Rotwein werden zugesetzt.

Die Bowle kann kalt gestellt werden — oder sofort auf die durstigen Gaumen kommen. Aber da ja nicht das ganze Jahr aus dem Monat Mai besteht, und unsere Ahnen ja auch in den übrigen elf Monaten Durst hatten, stellten sie natürlich noch andere Köstlichkeiten zur Gaumenletze her. Köstlichkeiten wie Beeren- und Apfelwein. Getränke, die wir auch heute noch lieben und gern trinken.

von wine

Der Wein, vergorener Saft der Trauben, ist wohl eines der ältesten Kulturgetränke der Menschen. Schon um 3500 v. Chr. berauschten sich die Ägypter daran, und die Erfindung dieses köstlichen, vielseitigen Getränkes liegt noch Jahrhunderte weiter zurück. Von den Römern nach Deutschland gebracht, entwickelte sich hier im Mittelalter unter dem Einfluß der Kirche ein intensiver Anbau. Die Anbaugebiete erstreckten sich dabei nicht nur über die uns heute bekannten Lagen, sondern Wein wurde eigentlich in ganz Deutschland angebaut. An der Ostsee genauso wie in München. Der Geschmack vieler Sorten würde uns heute den Gaumen zusammenziehen. Jedoch würde ich Ihnen gern einige Weine kredenzen, die im »Loblichen Tractat von beraytung und brauchung des wein« beschrieben sind und die sicher auch Ihren Geschmack treffen werden.

Den »Wein, der den gantzen leyb sterckt« zum Beispiel. Oder den »Wein, darin gold geleschet ist«. Und für gestandene Alkoholgegner den »Wein, der gewässert ist unt vast gesund«.

Aber nicht nur die Weine aus Deutschland wurden gerühmt und von unseren Vorfahren recht kräftig getrunken. Auch so berühmte Lagen wie Châteauneuf du Pape wurden besonders von den geistlichen Herren so geliebt, daß sich Petrarca bei Papst Urban V. um 1365 beklagte, die Weine Frankreichs seien im Vatikan rarer als Weihwasser.

Wenn wir heute zu einem mittelalterlichen Mahl Wein trinken wollen, sollten wir ihn ganz nach unserem persönlichen Geschmack auswählen. Grundsätzlich gilt aber immer eine Regel:

Der Kellermeister probiert den Wein. Holzschnitt aus »Die Kellermaysterey«.

Weißer Wein zu hellem Fleisch.
Roter Wein zu dunklem Fleisch.

Ich selbst bevorzuge gute, seltene — nicht gerade oft billige — Bauernweine, die die Winzer an sich zum Eigenbedarf herstellen. Sie entsprechen dem, was man von einem guten Tischwein verlangt, und sie lassen sich auch in größeren Mengen trinken ohne am nächsten Tag den Kopf zum Rathaus zu machen.
Zu guter Letzt möchte ich noch auf einen schönen alten Brauch hinweisen, der leider nur noch in einigen Weinbaugebieten erhalten ist, der aber im Mittelalter einer der Höhepunkte des Jahres war.
Die Probe des neuen Weines. Sie fand am Martinstag, dem 11. November eines Jahres statt und wurde feierlich vollzogen. Oft im Rahmen eines großen Winzerfestes, bei dem das Hauptgericht des Essens auf einer knusprig gebratenen Gans bestand — etwa aus einem »Gefilte Genselin mite blauwem krautzchol« wie Sie es auf Seite 46 finden.

Von gedörrten Weinbeern.

Meerträubel drey pfundt / außgescheiter wolgestossener Zimmetrinden vier Lot / seudt in etwan viel Most / geuß darnach in ein Faß mit Most. Er wirt in zwölff tagen lauter / brauch jn am meisten im Winter. Ist sonderlich gut alten vnd krancken Leuten / Melancholicis vnnd Phlegmaticis / ringert die Brust / stärckt den Magen / Leber vnnd Blut / widerstehet der Fäulung / vertreibet das vnwillen / Husten vnnd Keichen / macht ein natürlichen Stulgang / verzehret vbrige flüssigkeit.

Roßmarin Wein.

Von Roßmarinblumen Oel gemacht / ist der Wirckung / als der Balsam / Roßmarinwein wirt gemacht / wie obberürt von andern Weinen. Er ist gut zu allen kalten Siechtagen / stärcket Glieder vnd Adern / macht schön das Antlitz damit gewaschen / macht wolschmäckenden Athem / gut Zanfleisch / heylet den Krebs vnd Fistel / ist gut für das Podagram.

Fenchel Wein.

Macht lauter Augen / erweckt vnkeuschheit / entledigt die Wassersucht / vnd Außsatz / Husten vnd Lungensucht / mehret die Milch / hilfft der Nieren Siechtagen / heylet die Blatern / reinigt der Frauwen Kranckheit / öffnet die verstopffung deß Miltzes vnd Lebern.

Eniß Wein.

Eröffnet die verstopffung der innern wege / ist gut für das Grimmen / mehret den Frawen die Milch / mit Zucker gemenget / vertreibt Nierenweh.

Negelein Wein.

In einem Säcklein hengt man Negelein in ein Faß mit Most. Der Wein ist truckner Natur / ist gut für das Keichen / alten faulen Husten / Fallendesucht / kurtzen Athem / stärcket die däuwung.

Wein für den Husten.

Süß Holtz / Eniß vnd Fenchelsafft in Wein gelassen / also daß das süß Holtz zwyfach gegen dem andern sey / man sol es stäts trincken.

Jom Waſſer.

Von art/natur vnd eygenſchafft deß Waſſers.

Jeweil man in der Küchen kein Waſſer entrahten kan/hab ich nicht können vnterlaſſen/ die art/natur vnd eygenſchafft deß Waſſers anzuzeigen/ denn ſonder Waſſer/Wein vnd Eſſig/ keine Küch erhalten kan werden. Aber durch dreyerley art vnd ſinnigkeit das Waſſer erkant wirt/ als nemlich/ am Geſicht/Geſchmack vnnd Geruch. Dem Geſicht nach ſol es lauter/klar vnnd durchſichtig ſeyn/ dem geſchmack nach lieblich/ nicht faules ſümpffiges Geruchs/ darumb alle die Waſſer/welche ein ſauren/ſcharpffen/verſaltzenen geſchmack haben/als von Schwebel vnd Nitro/ſeind ſchädtlich vnnd vngeſundt zu natürlichen Tränken zu gebrauchen. Man ſol warnemmen der Brunnquellen/ daß ſie ſich gegen Auffgang erſtrecken/ auch durch ein ſauber Erdtreich ſich außſpreiten/leichtlich zu warmen vñ kalten/vñ im Sommer kalt/im Winter warmlecht. Das Regenwaſſer iſt am leichteſten/ darnach das Brunnwaſſer vnd das auß flieſſenden Bächen/ vnnd zum letzten auß verdumpfften ſtehenden Waſſer/ vnnd das aller ſchwereſt iſt geſchmoltzen Schneewaſſer/Sumpffpfülen vnd Bächen. Derhalben hab achtung/ was du für Waſſer ſolt in der Küchen brauchen/ Auch Bier darauß zu machen/vnnd dergleichen/ Alle Waſſer ſeind von Natur kalt vnd feucht/ vnd welcher Waſſer noch kälter haben wil/ſol es ſieden/vnd wider külen/ das iſt das aller kälteſt
Waſſer.

von Bier

Schon im frühen Mittelalter war Bier in Deutschland Volksgetränk Nummer 1. Und diesen Platz hat es ja bis heute behauptet. Jedoch kam es damals noch nicht aus Brauereien, sondern wurde selbstgebraut, so daß eigentlich jede Familie ihr eigener Brauer war. Erst unter der Herrschaft der Karolinger wurde das Braurecht und mit ihm der Brauzwang vorzugsweise an Kirchen und Klöster verliehen. Die ältesten Unterlagen über die Verleihung des »grutrechtes« finden wir in Lüttich. Hier hat Otto II. der Kirche im Jahr 947 die Brauereigerechtigkeit verliehen.

Das älteste Braurecht in Deutschland wurde im Jahr 1143 dem bei Freising gelegenen Kloster Weihenstephan verliehen. Heute ist diese erste deutsche Brauerei nicht nur die immersprudelnde Quelle eines köstlichen Bieres, sondern auch eine in aller Welt bekannte Schule für das Brauwesen.

Gerühmt für ihr Bier wurden im Mittelalter die Städte Einbeck: hierher kommt ja auch noch heute der berühmte Bock, von dem viele sagen, sein Name sei auf die alte Endsilbe des Städtenamens zurückzuführen — nämlich »pöck« und Braunschweig, dessen Mumme, ein dunkles, niedrig vergorenes Weizenbier

ℜℨℑ   Vom Bier.

Item / man solle nemen ein handuol gütes gebrítes saltz / vnd das mengen mit wasser ein Maß / oder zwo / vnnd inn das faß gießsen / vnnd vber nacht rüwen lassen / so würt es darus : ch schaumen / daß es lustig wirt zütrincken.

Item das magstu auch einem Wein thün / ehe man jn anzäpffe.

¶ Wie man Bier soll machen / daß es lieblich zü trincken seye.

Item henck darein ein halb pfund Rote Benedicten wurtzeln / mit wilder Salbey.

¶ Wann ein Bier saur were worden / auff dem Püttich / oder sunst.

Item nimb ein handuoll saltz oder zwo / vnnd so vil äschen / vnd ein maß oder drey wasser / vnd das darunder rüren / vnd bald ein thüch mit einr Bünde darfür / sunst lieffs alls herauß / vnlaß also verfauß.

¶ Ein andere Kunst.

Item nimb Habern mit dem stro / wann der haber ist in der gilb / so nim vnd schneid büschelin / vnd henckfs darein / so stoffet das bier wider auff / vnnd thüt wie ein Bier / das noch jung ist.

¶ Wie man ein Bier in der Braw soll scharpff vnd wolriechend machen.

Item

Von der Bereitung des Bieres berichtet die »Koch- und Kellermeisterey« aus dem Jahre 1557.

ohne Hopfen, nach ganz Deutschland verkauft wurde.

Und wo waren da die berühmten Münchner Biere? Oder die Dortmunder? Ja — liebe Trinkkumpane — die gab es noch nicht. Leider. Denn erst mit der Erfindung der untergärigen Brauweise um 1500 kamen die heute so beliebten Biersorten auf den Markt. Und erst das 1516 von Herzog Wilhelm IV., der von München aus das vereinigte Ober- und Niederbayern regierte, erlassene Reinheitsgebot wurde zur Grundlage unserer heutigen Biere. Dieses wohl weltberühmte Gesetz, eines der ältesten und konsequentesten Lebensmittelgesetze der Welt, nach dem Bier nur aus reinen Naturprodukten, aus Hopfen, Malz und Wasser gebraut werden darf, ist zugleich die Säule, auf der sich die weltweite Anerkennung des deutschen Bieres gründet.

Doch hatte dieses uralte Gesetz sogar schon einen Vorläufer, denn der Vater von Herzog Wilhelm hatte schon 1487 einen Bierpreis für München festlegen lassen und den Brauereien den Eid abgenommen, daß sie zum Brauen nur Gerste, Hopfen und Wasser verwenden. Wie nun aber schmeckte denn das Bier im Mittelalter? Da bis ins späte 14. Jahrhundert die obergärige Brauart bekannt war, können wir annehmen, daß es ähnlich unseren obergärigen Sorten geschmeckt haben mag. Herb wie das Altbier aus Düsseldorf, oder frisch wie ein Weißbier aus Bayern. Und die im 15. Jahrhundert entstandenen untergärigen Sorten waren sicher dem bayrischen Bier, dem dunklen oder hellen Lagerbier, sehr ähnlich — oder als Bock-oder Starkbiere den bayrischen -atoren (Starkbieren,

111

Auß Gersten sied ich gutes Bier /
Feißt und Süß / auch bitter monier /
In ein Breuwkessel weit und groß /
Darein ich denn den Hopffen stoß /
Laß den in Brennten külen baß /
Damit füll ich darnach die Faß
Wol gebunden und wol gebicht /
Denn giert er und ist zugericht.

deren Name auf die Silbe -ator endet). Das Bier des Mittelalters wurde mit und ohne Hopfen gebraut und oft mit Würzstoffen — wie Grut/Wacholder — aromatisiert. Und es gab besondere Biersorten, die als wirkungsvolle Medizin gelobt wurden. So das Farnkrautbier gegen Krankheiten an Galle und Leber, das Wacholderbier gegen die Gicht oder das Lavendelbier gegen Epilepsie und Schlaganfall.

Wenn wir heute zum Mahl im Stil des Mittelalters ein nahezu stilgerechtes Bier trinken wollen, so empfehlen sich folgende Sorten:

Obergärige Biere herber Brauart:
Düsseldorfer Altbiere,
Bayerisches Altbier,
Bamberger Rauchbier,
Bergische Altbiere und
Kölsch, das Kölner Bier

Obergärige Biere frischer Brauart:
Weiß- oder Weizenbier mit Hefe aus Bayern und
Berliner Weißbier (ohne Schuß natürlich)

Fürstliches Festgelage — begleitet von Schalmeienklängen.

113

Untergärige Biere mit normaler Stammwürze:
das dunkle Lager- oder Exportbier,
das Braunbier aus Augsburg oder
das Rauchbier aus Bamberg,
Rotbier aus Nürnberg oder
das helle bayerische Lagerbier
und nicht zu vergessen
die Biere aus den Biermetropolen im
Norden unseres Vaterlandes

Mittelalterliches Schlemmermahl mit Bier im Humpen und viel zu essen.

Untergärige Biere mit hoher Stammwürze:
das Einbecker Bockbier oder
die -atoren Starkbiere aus bayerischen Landen

Aber wir sollten das Bier nicht ganz so bierernst nehmen und einfach das trinken, was uns am besten schmeckt.
Ein kühles Helles — frisch vom Faß. Das bekommen Sie heute mit bei jeder Brauerei. Bei vielen sogar noch im Holzfaß. Natürlich mit allem, was dazugehört — Zapfhahn etc.

114

Wilt du eyn gast sin alhier so nimb diese regulam herfür

Speisen — ganz im Stil der alten Rittersleut

Hierumb so sage ich dir voran
das dir nit mer schaden kan
An deiner gesuntheit
denn zeul vnmessigkeit
Darumb so fleisse dich hie bey
das dein speise vnd dranckt sey
Alle zeitte gemessen wol
one hunger niemant essen sol

Damit Sie die Genüsse der mittelalterlichen Küche so richtig genießen können — allein oder mit Freunden —, möchte ich Ihnen im folgenden Kapitel einige Regeln und Vorschläge für eine Tafel im Stil des Mittelalters nahebringen.

Probieren Sie einmal aus, wieviel Spaß es macht, mit den Fingern zu essen, so wie es die Alten taten. Also legen Sie zu jedem Teller nur ein scharfes Messer, zum Zerteilen und Aufspießen. Bitten Sie Ihre Gäste zur Handwäsche. Vielleicht mit einem hölzernen Zuber?

Dann nehmen Sie Platz und befolgen die Regeln der Tischzucht:

I las dir ain tuchen umknoten
   von ain weipsperson,
   frawe oder magde
II nim daz meser in ain hand
   und in di ander hand
   nim von brodt
III las guet und vil essen vortragen
   und iß

115

IV las ein klein stuk von essen am bredt
      armen zu geben
V hast du vergessen armen zu geben,
      kus ain magd an hals sogleich
VI wan dir schmecket, las hören
      ein rulpsen und forzen

*Wenn Sie insbesondere die letzten Punkte
nicht befolgen möchten, so glaube ich
doch, daß es dem Genuß keinen Abbruch
tun wird.*

*So begrüßte man seine
Gäste vor 500 Jahren:*

Nim brodt unnd saltz zu Händ
so hat guth essen nit eyn end.
Unt nim gueten muets dis essen ein
so wird fol lobs dein reden sein.

*(Eigentlich ist es ein Brauch, der uns auch
heute noch gut anstehen würde.)
Der Gastgeber reichte seinem Gast ein
Trinkhorn oder einen Humpen mit Met.
Dazu gab es Steinbrot-Fladen mit
Griebenschmalz und Salz.
Mit diesem Brauch eröffnete man auch
das Essen.*

Bäuerliche Mahlzeit — mit Brei und
Brot, eine Illustration von Petrarca-
Meister um 1520.

*Unsere nachfolgenden Menü-Vorschläge
bestehen aus sieben bis acht Gängen. Eine
Menge, die wir heute gerade noch
vertragen können, die sich aber
bescheiden ausnimmt gegen den
tatsächlichen Umfang der Bankette, die
15, 20 und mehr Gänge hatten. Um
sowohl bei einem normalen Menü-
Vorschlag als auch bei dem ebenfalls
vorgestellten Fest-Bankett mithalten zu
können, sollten Sie sich Ihren hoffentlich
großen Appetit klug einteilen.
Und nun habe ich Ihnen lange genug das
Wasser im Mund zusammenlaufen lassen.
Hier sind die Menü-Vorschläge:*

I **met trunk in horn oder kruche serviret**
Met-Honigwein im Trinkhorn oder Krug

II **steynbrodt mite vil guet gruibenschmaltz**
Steinbrot-Fladen mit Griebenschmalz

III **hecht-krepfla in gelber salse**
Hechtklößchen in Sauce

IV **suben von Lombardey**
Lombardische Suppe

V **kaponen-bastettem mite pflumenmuos**
Kapaunenpastete mit Pflaumensauce

VI **rindfleysch von rippen**
Hochrippe in Kruste

met wildbrett von ayr
mit ausgebackenen Eierteigstäbchen

und rosenkrautz kepfla
und Rosenkohl

VII **kas von geberge**
Alter Gebirgskäse

VIII **mandeldorttem fein**
Feine Mandeltore

I **met trunk in horn oder kruche serviret**
Met-Honigwein im Trinkhorn oder Krug

II **steynbrodt mite vil guet gruibenschmaltz**
Steinbrot-Fladen mit Griebenschmalz

III **ruchfleysch unt krenn**
Bündnerfleisch mit Meerrettich

IV **suben mite hennerfleysch**
Hühnersuppe

V **kalvbastettem mit ribislmuos**
Kalbfleischpastete mit Johannisbeersauce

VI **schlegl von reh oder kirschen**
Reh- oder Hirschkeule

VII **darzu guet semladorttem**
mit Semmeltorte

und rosenkrautz kepfla
und Rosenkohl

VIII **kas von geberge**
Alter Gebirgskäse

IX **epfi in salse von Vanille**
Schmoräpfel in Vanille-Sauce

I **met trunk in horn oder kruche serviret**
Met-Honigwein im Trinkhorn oder Krug

II **steynbrodt mite vil guet gruibenschmaltz**
Steinbrot-Fladen mit Griebenschmalz

III **heidenische kuchen**
Böhmische Fleischpastete

IV **kernlasuben**
Sagosuppe

V **Visch bastettem mit wirtzkreyter**
Würzige Fischpastete

VI **gentzpratem mit blauwem krautzchol**
Gefüllte Gans mit Blaukraut (Rotkohl)
und semladorttem
und Semmeltore

VII **kas von geberge**
Alter Gebirgskäse

VIII **epfel in wine**
In Wein gedünstete Äpfel

I **met trunk in horn oder kruche serviret**
Met-Honigwein im Trinkhorn oder Krug

II **steynbrodt mite vil guet gruibenschmaltz**
Steinbrot-Fladen mit Griebenschmalz

III **ayren in gelbem suben**
Eier in gelber Sauce

IV **hecht von flus in suben**
Flußhecht-Suppe

V **bastettem von wildbrett**
Wildpastete

mite weikselenmuos
mit Weichselkirschen Sauce

VI **haml mit krusttem von spis**
Hammel vom Spieß

darzu semladorttem
dazu Semmeltorte

und pälgt arbaiß mite kreyter
und Erbsen in Kräutern

VII **kas von geberge**
Alter Gebirgskäse

VIII **epfi in schmaltz gesotten**
In Schmalz gebackene Äpfel

I **met trunk in horn oder kruche serviret**
Met-Honigwein im Trinkhorn oder Krug

II **steynbrodt mite vil guet gruibenschmaltz**
Steinbrot-Fladen mit Griebenschmalz

III **schniden von trueschen**
Fischfilet in Kräutersauce

IV **fleysch in wirtzkreyter gesoten**
Würzige Fleischsuppe mit Kräutern

V **ain fein Oxenzungenbassettem**
Feine Ochsenzungen-Pastete

VI **spanferchel pratem**
Spanferkelbraten

met vil guot semladorttem
mit Semmeltorte

senaf und surkrut
Senf und Sauerkraut

VII **kas von geberge**
Alter Gebirgskäse

VIII **salvandorttem**
Salbeitorte

I **met trunk in kruche serviret**
Met-Honigwein im Krug

II **steynbrodt mit gruiben in smaltz**
Steinbrot-Fladen mit Griebenschmalz

III **praun bihr**
ein kühles Braunbier (oder ein helles)

IV **ruchfleysch mit krenn**
Bündnerfleisch mit Meerrettich

V **kornbrant von löffel zu drinken**
ein Klarer zum Nachspülen

jetzo snupf ain schneutzprieslein
und eine Prise Schnupftabak

VI **gefilte wachtl mite wildbrett von ayr**
Gefüllte Wachteln auf Eierteigstäbchen

las die ain hendtüchlein gebn
laß Dir eine Serviette geben

VII **saibling von maistrekeu**
Salm auf die Art eines unbekannten Meisterkochs

VIII **epfelinbrant,**
Apfelschnitz in Calvados,

item adam unt eva genannt
Adam und Eva genannt

ietzo las dich kurtzweilen
und zur Zerstreuung

mite singn und spiln
Gesang und Musik

IX gemues von mangoldt und zwifelror
Mangold — Lauch-Gemüse

X bastettem von Hispania
Feine Pastete nach spanischer Art

XI obezbrannt mite quecfolterber
Obstler mit Wacholderbeere

XII geheck von ayren
Feines Eierragout

XIII wine in horn serviret
Wein im Trinkhorn

XIV kas von geberge
Alter Gebirgskäse

XV mandeldorttem und epfi in wine
Mandeltorte und in Wein gedünstete Äpfel

ietzo las dir zur naht winschen
Und nun »Gute Nacht«.

Beschluß.

Ach dem ich nun/ freundlicher lieber Leser/ meinem vorhaben nach/ viel vnd mancherley art Speise artlich vnd künstlich/ so viel mir müglich/ zu zurichten vnnd zubereiten/ fleissig anleitung geben/ ist diß allein vbrig/ dz du von solcher meiner müh vnd arbeit/ auffrichtig/ vnd ohne vorgeschöpffte Affecten/ vrtheilest. Denn mich betreffendt/ kan ich mit gutem Gewissen bezeugen/ daß ich zum aller trewlichsten diß/ so ich gefasset vnnd gelehrnet/ andern darzuthun/ vnd auffs förderlichste mitzutheilen/ mich vnterstanden. Vnd hab diß/ so ich allhie beschrieben/ nicht auß andern Büchern entlehnet vnd entfrembdet/ sondern mit eygener Handt/ an der Herrn Höfen/ so ich gedienet/ zugerichtet vnd gemachet. Bin auch dessen erbötig/ wenn sich einer nicht genugsam/ seinem verstandt nach/ darauß richten kan/ der verfüge sich zu mir/ wil ich es alsdenn jhm nach der läng erklären/ vnnd mit eygener Handt solche Speiß zu machen/ zeigen vnnd lehren. Verhoff aber/ es werde nicht nötig seyn. Denn ich mich auffs kläreste vnd deutlichste/ so viel mir müglich/ solchs an Tag zu geben/ vnd jedermänniglich/ so es begert/ mit meinem fleiß zu dienen/ bemühet. Vnd bin der tröstlichen hoffnung vnd zuversicht/ der verständige Leser werde hierinnen meinen fleiß spüren vnd vermercken/ deßhalben auch desto auffrichtiger/ iudiciern/ mir vnd andern hinfort Leuten zu dienen/ vrsach geben.

Ordentliches Register der Thier/
Vögel/Fisch/vnd allerley Kochwerck/so in diesem Buch gemeldet werden.